人と組織を活性化する教育

モチベーション・マネジメント

鳥居秀光

ダイヤモンド社

目次

人と組織を活性化する教育

モチベーション・マネジメント

鳥居秀光

ダイヤモンド社

プロローグ　涙と笑顔の卒業式

ハンカチで目頭を拭う卒業生

水ぬるむ早春は、私の心がしみじみとした感懐にとらわれる季節です。自然界ではすべてのものが動き始めるこの時期、それは若人の旅立ちの季節でもあります。3月になると三幸学園でもそれぞれの専門学校で卒業式が行なわれ、理事長である私もできるかぎり出席します。卒業式には生徒の親御さんも大勢出席されるので、外部の大きな会場を借りて行ないます。学園の2校、3校が合同で行なうこともあります。

卒業式では初めに学園歌を斉唱します。

新樹の緑　色さえて
朝日すがしく　降り注ぐ
つどいしわれら　使命は重く
日々向上の　誓いも新た
歩むこの道　修めんと
熱き心を　燃しゆく

いざたたえん　奉仕の姿
ここぞ　伸びゆく三幸学園

2番では「献身礼節　誠実もて　もろびとの　幸福招かんと」と歌います。生徒たちの歌声に乗って流れる歌詞は、私の作です。聴くたびに、これは、いまの三幸学園の姿そのものだと思います。

学校長からの卒業証書授与は、生徒一人ひとりの名前を呼び上げます。「ハイッ」と大きく応えて立つそのキリリとした姿に、早くもハンカチを目に当てる親御さんの姿が見えます。

私が最も誇らしく思うのは、校長式辞を聴く生徒たちの表情です。会場は咳一つ起こらず、みな、顔を上げ、檀上を見つめて耳を傾けています。壇上に並ぶ来賓の方々からもしばしば賞賛の声をいただく光景です。

この卒業生たちは、入学したての2年前あるいは3年前には、おとなしい、けれど覇気の感じられない子どもたちでした。

三幸学園の入学式はまことにユニークです。やはり大きな会場で合同入学式を行なうのですが、式典のあとの第2部で、各学校ごとの在校生代表チームが出て、新入生を迎えるパフォーマンスを演じるのです。ミュージカル仕立てであり、バンド&ダンスありの演目を創作し、自校の特色をアピールする。それらはすべて在校生が自主活動で企画し、練習を積み重ねたものです。舞台上で躍動する上級生の姿に、心ときめかない新入生はいないでしょう。

この日から、新入生は先輩を慕い、上級生をあこがれの目標にして学園生活のスタートを切ります。

大量の皆勤賞を生み出す三幸学園の学園風土

三幸学園の卒業式で際立った特徴にもう一つ、大量の皆勤賞受賞者があります。

皆勤賞は1年制課程、2年制課程、3年制課程とも無遅刻無欠席の生徒に、精勤賞は欠席1日の生徒に与えられます。2012年3月の東京医療秘書福祉専門学校の卒業式で表彰された人数を挙げてみましょう。

3年制課程　皆勤賞10名・精勤賞18名

2年制課程　皆勤賞37名・精勤賞26名
1年制課程　皆勤賞35名・精勤賞11名
卒業生237名の58パーセントが学校を1日も休まない、もしくはわずか1日休んだだけなのです。

専門学校に入学する生徒は、必ずしも勉強熱心ではない生徒のほうが多いのが実情です。それが在校したわずかな年数で変貌し、100パーセントの就職率で社会へと巣立つ力をつけ、卒業式には、先生方や両親に感激の涙を流させるのです。

泣きながら「仰げば尊し」を歌い終えて会場を出てきた卒業生たちの表情は、一転晴れやかな笑顔に変わり、両親の祝福を受けたり、在校生と別れを惜しんで抱き合う、日頃の生き生きとした姿に戻ります。

そしてこの後は、先生と生徒、そしてご家族が互いに涙ながらに思い出を語り合う光景があちこちで繰り広げられるのです。

「やんちゃだった子がこんなに優しくなって、お年寄りを介護したいというなんて」と涙ぐむお母さん。

「子どもの頃は小さな声で話す子だったのに、ここに進学してから、すっかり明るくなって、今もあそこで友だちと大声を上げています。社会人になってもきっと頑張ってくれるでしょう」というお父さん。

先生たちも、生徒と肩をたたき合って笑いながらも、あふれる涙で顔をくしゃくしゃにしています。

この先生たち学園メンバーの涙こそが、三幸学園の「三幸」の秘密です。

生徒の幸せ

社会の幸せ

学園の幸せ

三幸学園の経営理念として私が掲げた3つの幸せ。先生たちと生徒たちの涙はそれを象徴しています。

学ぶ喜びを知り、楽しく生き生きと学校に通う毎日を送ることは生徒の幸せ。社会の役に立つ人材が育つことは社会の幸せ。その2つの幸せを実現することは学園の幸せです。

入学以来、先生たちはどれほど真剣に生徒の将来のために、知識を、技術を、礼節を身につけさせようと心を砕いてきたことでしょうか。生徒たちも先生の期待に応えようと頑張ってくれました。経営者として私も、健全な学園経営に知恵を絞ってきました。

彼らの涙は、その思い出を彩る嬉しい涙です。

このような先生、生徒たちをはじめとする学園メンバーによって、いまのような幸せを手にしている私ですが、実は、最初からこんな素晴らしい教育観を持って専門学校を立ち上げたわけではありません。詳しくは本編に譲りますが、出発は主婦のための医療事務の教室でした。それが、先生や生徒たち、あるいは卒業生の就職先である病院の院長先生方と接する中で次第に変容していったのです。

上：卒業式を終え、晴れやかな笑顔の東京医療秘書福祉専門学校の卒業生
下：入学式

私自身の教育に対する考えが正され、学園風土も卒業式の雰囲気も変わっていったのです。今では、いつどなたに見ていただいても恥ずかしくない生徒たち、先生たちの三幸学園になったと自負しております。

第1章　門外漢だからこそ見えてくる真の教育のあり方

教育はサービス業

昭和49年6月、26歳の私は千葉県の市川駅前に、医療事務の資格を取るための教室を開きました。20人も入ればいっぱいになってしまうような、この小さな医療事務教室が三幸学園のそもそもの始まりで、そこから徐々に枝葉を伸ばしていって、いまでは医療系の専門学校、スポーツ系の専門学校、ビューティー系の専門学校、保育系の専門学校、さらには通信制高校、4年制大学、短期大学など、トータルで52の学校を経営するまでに至っております。つまり私は、学校を卒業して数年後から今日までの約40年間、終始一貫して教育畑を歩んできたわけです。

というと、若い頃から教育に関心があったかのように思われるかもしれません。しかし、実はそうではありません。そのへんのところは3章と4章で詳しく述べるつもりですが、私はもともと教育にはまったくといっていいほど縁がなく、学校の先生になりたいと思ったことも、一度もありません。大学も経営学部ですし、ビジネスには強い関心があったものの、人に何かを教えるとか導くといったことには興味がなく、医療事務の教室を開設したのもすべてはビジネスのため、誤解を恐れずにいえば金儲けのためです。何とかメシが食えるようになりたい、人より豊かになりたい、あわよくば大金持ちになりたい。それだけの動機で教室を開設したのです。

そんな不届き者がいま、手広く教育事業を展開していると聞いたら、全国の教育関係者が怒り狂うのではないかと思いますが、本当のことです。もちろん、今日ここに至るまで何の苦労もなかったわけではありません。何度か倒産の危機にも直面しました。生徒が集まらず、もうダメだ、これで終わりだと観念したこともありました。

そのたびに私は真剣に考えました。どうしたら生徒、つまりお客さまが来てくれるのだろうか、ということを真剣に考えたのです。

「生徒がお客さま？　何を考えているんだ、お前は」と、またまたお叱りを受けてしまいそうですが、私は何を考えるにもビジネスの視点から離れることができません。もし教育学部かどこかで真っ当な教育論を学んでいたら、どうしたらご父兄から喜ばれるような素晴らしい教育ができるのか、社会から認められるような立派な教育ができるのかを真剣に考え、「真の教育とは何か」という視点から対応策を考えたかもしれません。しかし、もともと教育に無関心だった私は、顧客満足度とか顧客第一主義といったビジネスの視点からしか考えることができなかったのです。要するに、教育をサービス業の一つととらえていたわけです。

それでも、お客さまを集めるために、徹底してお客さまの立場に立って考え続けていくうち、私は私なりに〝教育の本質〟がかすかに見えてきたような気がしました。その、かすかに見えた〝教育の本質〟を実践に移したら、ここまで発展したのです。ですから、私なりに考えた〝教育の本質〟も、正鵠《せいこく》を射るほどではないにしても、さほど的外れなものではなかったのではないかと思います。まるでトンチンカンなものであったなら、社会に受け入れてもらえる道理がないでしょう。

その昔、『人事屋が書いた経理の本』というのがベストセラーになったことがありました。経理というのはとても複雑で、公認会計士や税理士など、その道のプロが書いた本を読んでもなかなか理解できません。ところが、人事部の人間が書いたこの本は非常にわかりやすいというので、アッという間にベストセラーになったのです。当時、素人が書いたわかりやすい経理の本、ということで大変な評判を呼びましたが、案外、専門家より門外漢のほうが問題の本質に迫りやすいのかもしれません。

「生徒の授業態度は自己の講義を映す鏡と思え！」

先ほど、かすかに〝教育の本質〟が見えてきた、と書きましたが、一度にすべてが見えたわけではありません。「あっ、こうしたら生徒が喜ぶんじゃないか」「こういうことをやったら生徒はやる気を失うんだな」といった具合に、少しずつわかってきたのです。授業をする中で、あるいは日常の雑務に追われる中で、そのようなことがパッパッと浮かんできたのです。

浮かんできたことは即、その場でノートに書き留めるように努めました。いまでは膨大な数になっていますが、その中からとりわけ重要と思われる10項目を抜粋し、全三幸学園グループ共通の「生徒指導十訓」として先生方に徹底するようお願いしてあります。

その「生徒指導十訓」とはどのようなものであるのか、いくつか抜粋して紹介しますと、まず第一に「生徒の授業態度は自己の講義を映す鏡と思え！」というのがあります。

これは私自身の体験が基になっている訓示ですけれど、二日酔いか何かで眠いのをこらえながら講義をすると、間違いなく生徒も眠そうな顔をします。どうしてなのか、実に不思議というほかありませんが、自分が生き生きとしていると、生徒も目を輝かせて講義を聴いてくれます。ですから、生きている講義をしているか死んだ講義をしているかは、生徒の態度や顔を見ればわかります。

ということで「生徒の授業態度は自己の講義を映す鏡と思え!」というのを十訓の第一に挙げたのですが、よくよく考えれば教える相手は〝生徒のプロ〟です。小学校、中学校、高校と12年間も生徒をやってきたプロ中のプロなのです。そのプロの目から見れば、やる気のある先生かどうか、すぐにわかる。そして、やる気のない先生だと見抜いたら即座に居眠りを始めたり隣の子とおしゃべりを始めたりする。だいたいそういうパターンです。やる気のあるように装っても、簡単に見破られてしまいます。生徒のプロに芝居は通用しないのです。

「こんなに態度の悪い生徒が相手じゃあ、講義をする気にもならない」などと、生徒の態度の悪さをあげつらう先生がたくさんいます。というより、ほとんどの先生が生徒の態度の悪さを問題にします。そういうとき私は、

「それは生徒に問題があるのではなく、先生の授業のやり方に問題があるからなんじゃないんですか」

とはっきりいいます。すると、ほとんどの先生が嫌な顔をします。中には、

「何てことをいうんですか。私の授業のどこに問題があるというんですか」

と、食ってかかる先生もいます。ベテランの先生、立派な教育論を語る先生にかぎって不機嫌な態度をあからさまにします。そんなとき私は、こんなふうにいうことにしています。

「教育に自信を持っていらっしゃるのはわかりますが、何か問題が生じたとき、何でもかんでも生徒のせいにしていたら、教員としての成長がそこでストップしてしまうのではありませんか。授業の技術、生徒指導の技術がそれ以上磨かれなくなってしまうのではありませんか。それを考えたら、何か自分に問題があると受け止めたほうが絶対にプラスです。じゃあ、ほかの先生方はどんな授業をやっているんだろうかとか、授業中の生徒の心理はどのように変化していくんだろうかと研究すれば、そこからまた成長が始まるじゃないですか。問題を周りのせいにすれば傷つくことはないし、楽です。でも、それをやっていたら損だと思いますよ」

なぜ、そこまで立ち入るのかといえば、ほかでもありません。先生は学校にとって一番大切な商品だからです。こんなことをいうとまた叱られそうですが、職員も商品、建物も

商品、学校の雰囲気も商品。お客さまである生徒が直接触れるものは何でも商品です。中でも一番大切なのは、やはり授業を受け持つ先生です。その先生が粗悪品だったら、「あそこの品物、ロクなのないわよ」とすぐに噂が立って、お客が離れていきます。そんなことになったら学校は即、倒産です。

ですから私は、常に最高の商品を提供するべく、先生方にいろいろ注文を出したりお願いしたりしているのです。

教師に必要な3つの資質

では、具体的にどのようなお願いをしているかというと、まずは「深くて幅広い専門知識」を身につけること。

私どもは専門学校ですから、教える先生方には当然、専門知識が必要です。それをできるだけ深く、幅広いものにしてくださいね、とお願いしているわけです。

しかし、持っているだけでは知識は伝わりません。いかに上手に生徒に伝えていくか、「教育の技術」をしっかりと磨いてください、というのが2番目のお願いです。

そして3番目は「情熱」。雨の日も風の日も生徒たちは休まず通ってくるわけです。その生徒たちのために、今日一日、力いっぱい情熱あふれる講義をしてください、とお願いしております。

医療事務の授業風景

いま挙げた「深くて幅広い専門知識」「教育の技術」「情熱」の3つが、専門学校の教員に必要な資質ではないか、と私は考えているのですが、このうち最も大切なのは何かといえば「情熱」です。

自分の講義を聴きに来る生徒たちのために、どれだけのものを伝えられたのかと自問し、もっと上手に、もっとわかりやすく伝えてあげよう、もっと生徒自身が考えるような伝え方をしよう、という情熱があれば、知識を増やす努力をするでしょうし、教育の技術を磨くための努力もするでしょう。そういう努力を積み重ねていけば、生徒によい影響を与える先生になれるはずです。ですから、3つの中で最も大切なのは「情熱」、換言すれば「生徒を思う気持ち」

なのです。

このような話を、三幸学園の先生方にずっと語ってきました。

「元気な挨拶は礼儀の始まり」

少し話がそれました。「生徒指導十訓」に話を戻しますと、2番目は「元気な挨拶は礼儀の始まり。礼儀正しい生活習慣を徹底せよ！」というものです。

三幸学園の専門学校では、授業の始まりと終わりには必ず「起立・礼・着席」の挨拶をすることになっています。実は、平成19年に開学した東京未来大学でもこれをやっています。「起立・礼・着席」をやっている大学は、おそらくほかにないと思います。

なぜ始めたのかといえば、だらだらとした雰囲気のまま講義を始めるのはよくないだろう、講義を始めるにあたってはやはり、気持ちを切り換えるように仕向けるべきではないかと、誰かが提案したのが始まりです。じゃあ、どうしたらいいのだろうか、ということで教職員たちがあれこれ話し合った結果、「起立・礼・着席」がいい、ということになったと記憶しています。

礼といえば、三幸学園グループでは、入学してくる生徒、学生に「おはようございます」「こんにちは」の挨拶をするよう、徹底指導します。専門学校だけでなく、大学でもやっています。これは、いまに始まったことではなく、ずっと昔から続けている、いわば三幸学園の伝統です。おかげでいまでは、「どうしたら、あんなに挨拶するようになるのですか」と、あちこちから質問されるほど、挨拶が定着しました。

さて、どうしたら生徒が挨拶するようになるか、読者の皆さん、わかりますか。幼稚園児や小学1、2年生の、まだ幼くて素直なうちなら、「朝、お友達や先生と会ったら『おはようございます』と挨拶しましょうね。昼は『こんにちは』といいましょうね」と指導すれば、よほどひねくれている子でないかぎり、挨拶するようになります。

しかし、私どもの生徒、学生は18歳ないしは19歳の青年です。男ならヒゲを伸ばしたり剃り込みを入れたりしたくなる年頃です。そんな青年たちに向かって、「皆さん、廊下や学生ホール、どこで会っても挨拶をしましょうね」といったところで、挨拶するようになるわけがありません。「何をバカなことをいっているんだ」といわんばかりに、ニヤニヤ笑いながら聞いているのがオチです。

では、どうしたら青年たちが挨拶するようになるのか、どなたかわかる方、いらっしゃいますか。ちょっと考えたくらいでは、なかなか思いつかないと思います。挨拶を定着させるというのはそれくらい難しいことなのです。

結論を急ぎますと、三幸学園では先生のほうから挨拶することに決めました。いまから15年前だったか20年前だったか忘れましたが、全生徒に挨拶の習慣を身につけさせるために、先生のほうから生徒に挨拶する取り組みを始めたのです。具体的にいえば、朝は何人かの先生方が校門のところに並んで、登校してくる生徒たち一人ひとりに「おはようございます」と声をかけ、廊下ですれ違ったら、先生のほうから「こんにちは」と挨拶するようにしたわけです。

それに対する生徒たちの反応はといえば、恥ずかしいのか照れくさいのか、初日は下を向いて押し黙ったまま通り過ぎる子が大半でした。ところが、2日3日たつと、仕方がないなあとばかり、渋々ながら挨拶を返す子が出てきました。そして、1週間、1カ月、半年、1年と続けていくうち、誰もがみんな、人と会えば自然と挨拶するようになったのです。つまり、挨拶するのがクセになったわけです。そうやって挨拶が習慣化すると、挨拶しないと何か気持ち悪い、何か変だ、という気分になるのですから、不思議です。

ともあれ、それ以来「人と顔を合わせたら挨拶をする」のが三幸学園の伝統となったのですが、実をいうと取り組みを開始する前のほうが大変でした。というのも、学校の先生にはけっこう理屈っぽい人が多く、「われわれのほうから挨拶する？　冗談じゃない。挨拶っていうのは年下からするものでしょう。年上から挨拶するなんてどう考えてもおかしいし、だいいちそれじゃあ教育にならない」と、いい張る先生が少なくなかったからです。

それに対して、挨拶推進派の先生が、「じゃあ、どうするんですか。挨拶のできる生徒を育てるというのは、教職員の話し合いで決まったことではないですか。ほかにいい方法が見つからないんですから、とりあえずやってみましょうよ」と、懸命に説得して取り組みが始まったという経緯があります。いまとなっては懐かしい思い出ですが、挨拶の取り組みをやって本当によかったと思います。

皆さんの会社にはいませんか。朝は「おはようございます」の一言もなくムスーッとした顔で入ってきて、帰りは帰りで「お先に失礼します」も何もなく、スーッと消えていく幽霊みたいな社員が。われわれはそういう粗悪品を取引先に提供するわけにはいかないのです。生徒を預かったかぎり、専門知識もあり、そのうえ礼儀やマナーもしっかりしている人材に仕上げなかったら、専門学校の社会的使命を果たしたとはいえません。それを考えて、挨拶の指導を徹底しているのです。

「生徒の顔と名前は1週間で覚えよ！」

「生徒指導十訓」の4番目は、「生徒の顔と名前は1週間で覚えよ！」です。

三幸学園グループでは、すべての学校の先生方に、クラスの生徒の顔と名前を1週間で覚えるようにお願いしております。そのため、入学シーズンになると先生方は、願書に貼ってある顔写真と名前を見比べては、覚えるのに必死になります。

なぜ、1週間以内でないといけないのかというと、2、3カ月たってから覚えたのでは当たり前ですし、覚えてもらった生徒もあまり感激しません。ところが、入学して1週間もたたないうちに、「○△さん」と呼ばれたらどうでしょう。誰だってびっくりするはずです。なぜ、自分の名前を知っているんだろう、いつ覚えたんだろう、と。でも、名前を覚えられて不機嫌そうな顔をする生徒はまずいません。不機嫌になるどころか、みんな嬉しそうな顔をします。

面白い話があって、40人ほどのクラス全員の名前をアイウエオ順に読み上げていくと、最後のほうの生徒、たとえば山本さんとか矢部さんとか渡辺さんは、不安そうな顔をするのだそうです。

「40人もいるんだから、後ろのほうの私の名前まで覚えてくれていないんじゃないかと思うのかどうか、毎年、不安そうな顔をする生徒がいるんですよ。でも、ちゃんと渡辺さんと呼んであげると、ニコーッと微笑む。そのときの愛らしさといったらありません。思わずこっちまで嬉しくなってしまいます」

そうやって自分の顔と名前を覚えてくれ、関心を持ってくれた先生を嫌いになる生徒はいません。誰もがみんな、「先生、好き。先生の講義、好き」となって、その延長線上で「この学校も好き」となります。実は、「先生が好き、学校が好き」になってもらわなければ困るのです。「先生、嫌い。学校も嫌い」では、質の高い教育を云々する以前に、教育のスタート台にも立てないからです。

それを考えるからこそ、1週間で覚えるようにお願いしているわけですけれど、これにはお金がかかりません。お金をかけなくても先生という名の商品を気に入ってくれるのですから、これほど安上がりで、効果絶大なサービスはほかにはありません。

「声は大きく、ゆっくり話せ！　小さな声では情熱が伝わらない」

人の心を動かすのは情熱です。

情熱があれば、おのずから声が大きくなって然るべきです。ただし、情熱的に話すときは、とかく早口になりやすいので、その点には注意が必要です。大きな声で、なおかつゆっくり話せば必ず相手に伝わります。

耳をそばだてないと聞こえないような声で話すのは論外です。それでは、どんなに中身の濃い話であっても相手に伝わりません。しかし、学者・研究者タイプには小さな声でボソボソ話す人が少なくありません。

それを戒めるために、わざわざ「声は大きく、ゆっくり話せ！　小さな声では情熱が伝わらない」を「生徒指導十訓」の6番目に入れているわけです。

「教育は共育であり、生徒と共に成長せよ！」

三幸学園グループの専門学校には若い教員が多く、20代で教鞭を執っている人も珍しくありません。それだけに、教員としても人間としても、いまだ未成熟な部分をたくさん残しています。それでも私は構わないと思っています。むしろ、未成熟な部分を持っている、あるいは未成熟であるのを自覚することは、とても大切なことだと考えています。それだけ成長の可能性を残しているからです。

それを踏まえて私は、若い教員たちに常々、こう語っています。

「やる気と情熱があれば、必ず生徒たちに伝わります。ただし、情熱があるだけではあなた自身の成長はありません。やる気と情熱をベースに一層努力して、知識を増やしてください。教える技術を磨いてください。そうやって、生徒と共に学んで、生徒と共に成長していってください」

生徒を育てているつもりが、実は自分も育っていたんだ、育てられていたんだ、生徒に育てられていたのは自分なんだ、ということに、あとで気がつく人になってもらいたいと、心から思います。

学園生活そのものが学びの場

「生徒指導十訓」の紹介はこれくらいにして、次に、三幸学園の特色について述べさせていただきます。

まず挙げられるのは、学園生活そのものが指導の場になっている、ということです。たとえば、エレベーターに生徒と教職員が乗り合わせることがあります。あるいは、生徒と来客の方とが乗り合わせることもあります。もし、皆さんがそんな場面に遭遇されたら、生徒から「何階に行かれますか」と聞かれるはずです。というのも、三幸学園ではエレベーターもマナーを学ぶ格好の場ととらえて、日頃から徹底指導しているからです。

それから職員室への出入り、これもマナーを学ぶ格好の機会です。入るときにはまずノックをする、というのは教えなくてもほとんどの生徒ができていますが、冬場、コートを着ているとき、コートはドアの外で脱ぐのか入ってから脱ぐのか、わからない生徒がいます。

そういう社会人として最低限、身につけておかねばならないマナーについても、厳しくチェックしております。

さらには敬語の使い方、これについても厳しく指導しています。社会人になってから、上司や取引先との会話の中で粗相がないよう、日頃の先生との会話を通して、正しい敬語が使えるように導いています。

専門学校なんだから、専門知識を学ばせ、資格を取らせればそれで十分なんじゃないか、という人もいないわけではありません。しかし、たとえ資格を取得したとしても、社会人としての基礎を身につけないまま送り出したら、その分、受け入れ先の企業や病院が教育をやり直さなければなりません。それでは欠陥商品を提供したも同然で、専門学校としての使命を果たしているとはいえません。やはり、専門知識や資格だけでなく、社会常識もきちんと身につけさせるのが専門学校の務めであろうと考えます。

そのほか、クラス担任制というのも特色として挙げられますが、これについては後ほど触れることにします。

学園生活の目標を定める合宿オリエンテーション

最近は、どこの大学、どこの専門学校も合宿オリエンテーションをやっているようですが、三幸学園ではかれこれ20年以上も前から、2泊3日の合宿オリエンテーションを実施してきました。

東京からはだいたい猪苗代湖畔に行くことに決まっていて、新入生たちはバスに分乗してそれぞれ学校を出発。会場に到着すると同時にオリエンテーションを受けることになるわけですが、ここで何が行なわれるかというと、まず「三幸学園の専門学校を卒業するとき、どんな自分になっていたいのか」をテーマに自由に書いてもらいます。つまり、卒業時における自分の将来像を描いてもらうわけです。

次に、「そういう自分になるには何を学んだらよいのか」について書いてもらいます。するると、こういう勉強をしなければいけないだとか、こういう資格を取らなければいけないという学習目標が出てきます。学習目標が出てきたら、今度は「その勉強をするためには、あるいはその資格を取るためには、この1年間どういうことをやればよいのか」について書いてもらいます。それに対しては、「遅刻をしない」とか「クラスの仲間と一緒に勉強していく」とか、いろいろな回答がありますが、要するに、「将来の目標」と「この1年間の目標」を明確に意識するように導くわけです。

専門学校にしても大学にしても、明確な目標を持って入学してくる子と、目標も何もなくただ漠然と入学してくる子では、卒業するまでの間に天地ほどの差がつきます。いやしくも三幸学園の専門学校に入学したかぎりは、地ではなく天を目指してもらいたい。そのためには、入学式を迎える前に、全員、目標を明確にする必要がある。ということで、このような合宿オリエンテーションを行なっているわけです。

なお、この合宿では挨拶の練習やマナーの指導も行なわれます。

東京医療秘書福祉専門学校に体験入学した高校生と和やかに話す生徒たち

第2章　私の大学改革論

通信制大学から4年制大学へ

平成19年4月、東京未来大学という、「こども心理学部」だけの単科大学が三幸グループに誕生しました。大学経営が難しい時代になぜ大学をつくったのか、大学を創立するに至った理由と経緯を尋ねられることがよくありますが、最初、私がつくろうと考えていたのは通信制の大学でした。

小学校の先生不足が社会問題になっていた当時、小学校教諭の資格を取得するための講座を開設したら世の中の役に立つんじゃないか、と職員みんなで話し合ったのがそもそもの始まりです。が、専門学校では小学校教諭の資格は取れません。だったらこの際、通信制の大学をつくろう、ということになったわけです。

当初、私が描いていたのは社会人を対象とした通信制大学でした。社会を経験した人に今度つくる大学の「こども心理学部」で学んでもらえば、きっと素晴らしい先生になるだろう、いい教育をするに違いない。そう考えて、中野新橋から歩いて5分くらいのところにビルを購入し、先生方も募集しました。ところが、あとは来年4月の開校を待つばかり、という段になって足立区役所から思いも寄らぬ話が飛び込んできたのです。

「金八先生のドラマの撮影に使った旧足立区立第二中学校の跡地をうまく再利用したい、できれば教育施設にしたい。ついては、安く貸すから何か提案せよ」

調べてみると、その中学校の跡地というのは、東武伊勢崎線堀切駅の真ん前にあり、広さが8600平方メートルほど。それを、べらぼうに安い値段で貸してくれるというのです。しかも、そこに建っている校舎と体育館は無償提供というのですから、驚きです。

当時、足立区には大学が一つもなかった。いまは東京芸術大学とか東京電機大学とか帝京科学大学とかいろいろありますけれども、当時は一つもありませんでした。東京23区の中で大学のない区は数えるほどしかなかったのですが、足立区はそのうちの一つだったわけです。加えて足立区は、小学校の学業成績が一番悪いとか、給食費の未払いが一番多いとか、何でもワーストワンでした。そこで、何とか教育レベルを上げていきたいという思惑があって、大学を誘致しようという話になったのだろうと思われます。

その呼びかけに応じて、いろいろと提案があったようですが、足立区の構想と三幸学園の提案がうまく合致し、最終的に私どもが計画していた大学、東京未来大学に決定したという次第です。

決定の通知を受けたのが、平成18年の2月下旬。開校まで1年ちょっとしかありません。それから大急ぎで図面を引いて、改築、改装工事を開始し、わずか1年余りの突貫工事で校舎を完成させてしまいました。中学校の校舎をそのまま借りるという手もなくはなかったのですが、何せ中学校の校舎ですからそのまま大学の校舎として使用するわけにはいきません。それに何より傷みが激しいので、改築・改装工事は不可欠です。体育館だけはそのまま使うことにしましたが、校庭の真ん中に研究棟と職員棟、それから未来ホールというホールを新築するなど、工事費にはかなりの資金を投じました。

かくして完成した建物はというと、「これが中学校だったとは信じられない、こんなに綺麗になるんですね」と、足立区の担当者がびっくりするほど見事な校舎です。自画自賛になってしまいますが、どこからどう見たって立派な大学です。

東京未来大学の4つのビジョン

私は東京未来大学をつくるにあたって、既存の大学と同じような大学をつくったところでちっとも面白くない、どうせつくるなら、入学してくる学生たちが「この大学を選んでよかった」と心から喜べるような大学にしたいと考えていました。それがどのような大学なのか、具体的イメージとなるとなかなか浮かんできませんでしたが、われわれは専門学校をやってきたわけだから、専門学校の長所を生かした大学、小さいけれども「あそこはちょっと変わっているよ」といわれるような大学をつくろう、ということだけははっきりしていました。そこからスタートして、時間をかけてじっくり考えた結果、次の4つが骨子として固まってきました。と同時に、これで大学に革命を起こしてやろう、大学とは本来こういうものなんだということを世の中に示してやろう、という闘志がメラメラと燃え上がってきました。

1、教員中心の大学から学生中心の大学に

いまからかれこれ45年ほど前、私が学生だった頃の大学は、年間のスケジュールをはじめ、何から何まで教授会の都合で決められていました。たとえば、今日は1時限目の授業があるからというので、朝早くに家を出て大学に行ったものの、「今日は休講です」の一言で無駄足を踏まされる、ということがしょっちゅうありました。しかも、なぜ休講になったのか、理由すら教えてもらえません。すべては「今日は休講」の一言で片づけられたの

です。そういうことについて、当時は何の疑問も感じませんでしたが、いまになって思えば、これはどう考えてもおかしなことです。

また、通信制大学でも、いまだにおかしなことが行なわれているということです。通信制大学には、年に幾度かスクーリングというのがあります。普段は顔を合わせることのない教員から、このときにかぎって対面方式で授業を受ける、というのがスクーリングですが、通信制大学で学んでいる学生の主体は社会人です。その社会人たる学生の都合を考慮に入れれば、夏休みやゴールデンウィークにスクーリングを充てて然るべきところです。ところが、「連休はプライベートなことに使いたい」などという教員の都合を優先して、平日にスクーリングを行なっているところがいまなおある、と聞いています。

大学側にしてみれば、学生は授業料を払ってくださる大切なお客さまであるはずです。大学を教育という名の一つのサービス業ととらえれば、学生は明らかにお客さまです。そのお客さまのことなどまったく考慮に入れず、教授会の都合だけですべてを決めていくというのは、サービス業の基本にもとるといわざるを得ません。

ですから、新たに創立する東京未来大学は学生のための、学生中心の大学にしようと、まず最初に決めました。

2、研究中心の大学から教育中心の大学に

大学の教授というと一般に、自分の研究が中心で、その片手間に教壇に立つというタイプが非常に多いように見受けられます。しかし、よくよく考えたら、大学の教授に一所懸命研究してもらいたいから授業料を払っている学生なんて、一人もいません。では、何のために授業料を払っているのか。いい授業を受けたいがために払っているに決まっています。

もちろん、研究してはいけないなどとは思っていないし、口にも出しません。教育に生かせる研究、講義に生かせる研究、世の中の役に立つ研究なら大いにけっこう。どんどんやってもらいたい。けれど、あくまでも教育が中心であり、それを忘れて自分の世界に閉じこもるようなことはしないでいただきたい。東京未来大学で教鞭を執る先生方には、そう注文することに決めました。

3、自由放任の大学から面倒見のよい大学に

私が卒業した大学は、授業料さえ払ってくれればあとは何をしていてもいいですよ、というような大学でした。私の出身校だけかもしれませんが、授業に出ようが出まいが学生の勝手、成績がよかろうが悪かろうが一切関知せずという、自由放任ここに極まれり、と

形容したくなるような大学でした。

なぜ自由放任なのか。その理由について大学側は「わが校は学生の自主性を尊重しているから」といっていましたが、自主性を尊重するということは、裏を返せば教職員の怠慢、もしくは手抜き以外の何ものでもありません。学業不振の学生を世に送り出しても、あるいは中途退学者を出しても関知しないというのは、責任ある教育者の態度とはいえません。製造業であればＰＬ法（製造物責任法）に抵触する問題です。

そんな自由放任の大学を反面教師にして、東京未来大学は入学してくる学生一人ひとりに対して、卒業するそのときまでしっかりと関心を持って見つめていく。そんな面倒見のよい大学にしようと決心しました。

4、教員と学生の距離が遠い大学から距離の近い大学に

だいたいどこの大学も同じだろうと思いますが、学生と教授の間にはかなりの距離があって、学生の側からよほど積極的に働きかけないかぎり、個人的に接触する機会はほとんどありません。私の学生時代を思い返しても、講義が終わったあとにちょっと廊下で立ち話、ということすらなかったように記憶しています。ましてや、自分の顔と名前を覚えてくれている先生となるとゼミの教授くらいのもので、それ以外の先生たちはまったくの

赤の他人。4年間通ってたった一人の先生にしか顔と名前を覚えてもらえないなんて、実に寂しいかぎりです。いや、それでもまだいいほうで、ゼミに入っていなければ、自分のことを知ってくれている先生はゼロということになってしまいます。適切な譬《たと》えではないかもしれませんが、無縁仏みたいなものです。

マンモス大学だから、それも仕方のないことなのかもしれません。しかし、東京未来大学は1学年240人のこぢんまりとした大学です。覚えようと思えば覚えられない数ではありません。240人すべての学生の顔と名前を覚えるのは無理としても、せめて自分のクラスの生徒の顔と名前くらいは覚えてもらわなければ困ります。

顔と名前を覚えていれば、廊下ですれ違ったとき、「やあ△△君、元気にしているか？この間の試験、どうだった？」などと気軽に声をかけることができるはずです。あるいは、学生のほうから「何かいい参考書があったら教えてください」と質問をすることもできます。

そんなふうに、先生と学生の関係が密な大学だったら素敵だなと思って、「教員と学生の距離が近い大学に」というのをビジョンの中に含めることにしたわけです。

専門学校の長所と特色

いま挙げた4つのビジョンは、いずれも専門学校の長所を取り入れたもので、すでにお気づきのとおり、従来の大学のイメージとはかなりかけ離れています。では、専門学校の長所とは何なのか、特色とは何なのか。ご存じでない方が多いことと思いますので、それについて少し解説することにします。

専門学校の特色としてまず挙げられるのは、ものすごく教育熱心な教員が多いということです。大学の先生は総じて研究に重きを置いていて、研究9割に対して教育は1割と考えている人が多いようです。誤解を恐れずにいえば、教育なんかあまり好きではないし、もともと関心が薄いのです。対して専門学校の先生はまったく逆で、研究より教育に100パーセントの情熱を注ぐ人が圧倒的多数を占めています。それだけに、学生一人ひとりに対する面倒見がいいし、日々成長していく学生を見るのをわが喜びとすることができる。そんな先生がたくさんいます。もちろん、あまり教育に熱心でない先生もいることはいます。しかし、そういう先生はあくまで例外的で、ごくごく少数でしかありません。

クラス担任がいるというのも、専門学校の特色であろうかと思います。大学でもクラス担任を置いているところがあるようですが、大方は語学の授業のときだけの担任で、いわばお飾り的な担任であるケースが多いと聞いています。それに対して専門学校のクラス担任は学生一人ひとりに対して細やかに目を配る、文字どおりの担任で、お飾り的な担任とはわけが違います。

学生数30～40人で構成される各クラスには、このクラス担任のほか、専門科目を教える先生が何人か付くわけですけれど、三幸学園グループの専門学校の場合は、これらの先生方が集まってクラス会議というのを定期的に開くことになっています。このクラス会議ではどのようなことが行なわれるかというと、「誰々さんは近頃休みが多いけど、どのように指導していきましょうか」とか「誰々さんは私の授業のとき、何となく元気がないような気がするけど、ほかの先生の授業ではどうですか」といったようなことが語り合われます。要するに、もっと密度の濃い指導をするために、個々の学生に関する情報を先生方の間で共有化すること、それがクラス会議の目的であるわけです。

そのクラス会議が頻繁に開かれるのですから、当然のことながら学生の顔と名前がインプットされます。担任を持たない先生であっても、知らず知らずのうちに、顔と名前を覚えてしまいます。ましてやクラス担任ともなると覚え方も半端ではなく、居並ぶ学生たちの顔を見ただけで名簿の順番どおりに名前を呼び上げることができます。それほどまでに教育に熱心な先生が多いということ、これが専門学校の大きな特色ではないかと思っております。

4つのビジョンを実現するためのダブル担任制

専門学校の教育熱心な先生方をそのまま東京未来大学の教員にスライドさせれば、先に掲げた4つのビジョンはすぐにでも実現できます。しかし、大学で教鞭を執るには文部科学省の審査を通らなければなりません。その審査を通るには、一定の研究実績と経験が必要です。論文を何本書いたとか、どこそこの大学で何年教えてきたとか、そういう実績と経験がないと審査を通らないのです。そのため、専門学校の先生方をスライドさせるわけにはいかず、大学の教員については公募という形で新たに採用することになりました。

その結果、集まってきた教員たちが皆さん教育熱心であれば、ビジョンの実現もさほど困難ではないかもしれませんが、そんな保証はどこにもありません。むしろ、聞いたことのない大学だけど、給料が貰えて研究ができるならどこの大学でもいいや、くらいにしか考えていない人や教育に熱心でない人のほうが多いかもしれません。そういう人たちに学生の教育・指導のすべてを委ねたら、私のビジョンは絵に描いた餅になってしまうし、新しい大学をつくる意味も半減してしまいます。

何かいい手立てはないだろうか。ない知恵を絞ってあれこれいろいろと考えていると、あるとき素晴らしいアイデアが浮かんできて、思わず膝を打ちました。そうだ、専門学校の教育熱心な先生を何人かピックアップしてクラス担任として大学へ送り込めばいいんだ。そうすれば、「学生中心の大学」「教育中心の大学」「面倒見のよい大学」「教員と学生の距離が近い大学」に一歩でも二歩でも近づけることができるに違いない……。

前述したように、専門学校の先生が大学で教科を教えることは許されておりません。しかし、クラス担任として大学生活全般のお世話をすることはできます。私は、彼らをキャンパスアドバイザーと呼ぶこととし、既存の大学の総務課、就職課、学生課、入試課が担当するすべての仕事を任せようと考えました。

大学の各クラスには、キャンパスアドバイザーとは別に、教員のクラス担当も付けてダブル担任制にしよう。そして、教学に関する指導は教員のクラス担任に、大学生活に関する相談事はキャンパスアドバイサーに、というふうに役割を分担させよう……。

東京未来大学構想はあらかた固まりました。残る課題は、公募で採用する先生方にどうやってビジョンを伝えるか、いかに理解してもらうか、です。

理解を示さない先生たち

私は、採用した30人余りの先生たちに対してまず、非常に厳しい大学の経営環境について理解を求めました。

「今年（平成18年）は、４割の大学が定員割れでした。しかも、18歳人口は減る一方ですから、定員割れは今後、増えることはあっても減ることはないでしょう。それから、いま現在、全国に私立大学が６００校ほどあります。そのうち上位20位以内の有名私立大学が志願者の40パーセントを集めていて、60パーセントを残りの私立大学が奪い合っています。それが大学界の実情です。したがって、下位に甘んじていたら学生が集まらず、やがては淘汰されるでしょう」

次に私は、こういう厳しい経営環境を生き残っていくにはどうしたらいいのでしょうか、と質問を投げかけたうえで、4つのビジョンを懇切丁寧に説明しました。わかってもらえないのではないかという気持ちが強かったものですから、噛んで含めるように説明したつもりです。果たして、それを聞いた先生方の反応はというと……。

「それは専門学校の話でしょ。そんなのは大学ではないですよ」

「冗談じゃない。そんなことできるわけないでしょ」

「私は研究で忙しいんです。研究時間がたくさんないと困ります」

などなど、口をついて出てくるのは批判と不満ばかりです。

ああ、やっぱりな……こういう反応を示すであろうことは半ば織り込み済みでしたので、さほどショックは受けず、聞かせてわからなければ見せるしかないとばかり、今度は専門学校の合同卒業式と三幸フェスティバルに列席してもらうことにしました。

手前味噌になりますが、普通の感性をお持ちの方が私どもの卒業式や三幸フェスティバルをご覧になれば、どなたも感動されます。ちょっと情感の豊かな方なら、涙を流されることもあります。それくらい感動的な卒業式であり、フェスティバルであると自負してい

るのですが、大学の先生方の反応といったら、

「ああ、なるほど。専門学校の卒業式って、こういうものなのね」

「専門学校もそれなりに頑張っているんですね。でも、こういうフェスティバルみたいなものは大学にはそぐわないいんじゃないんですか」

などと、まったくの他人事です。こういうのを「心ここにあらざれば、視れども見えず」というのでしょうか、あまりの感度の鈍さにがっかりしてしまいました。

おそらく、先生方の頭の中は「教育とはこうあって然るべき」「大学とはこうでなければならない」といった固定観念で凝り固まっているのでしょう。だから、何を聞いても何を見ても自分の観念に合わないものは拒否するのだろうと思います。やはり、新しい酒は新しい革袋に入れなければいけないのかもしれません。

ともあれ、見ればわかるだろうという私の目論見《もくろみ》は、見事に外れる結果となってしまいました。4つのビジョンに基づいた教育をしていくと、卒業するときにはこんなに素晴らしい生徒になるんだ、だから大学でも同じ理念に則ってやりたい、といいたかったのですが、残念ながら通じませんでした。

だからといって諦めるわけにはいきません。その後も機会をとらえては、4つのビジョ

ンを熱っぽく語りました。その結果、若い世代を中心に共鳴してくださる先生が現れ始め、そこはかとなく手応えが感じられるようになってきました。

それに対してベテランの先生の多くは何をいっても馬耳東風。私の話を真剣に聞こうともしません。

そんなベテラン教員の一人は、最初から「私は普通の大学をつくりたい。専門学校の真似なんかしたくない」の一点張りで、ことごとく私のビジョンに異論を唱えます。それでも、時間をかけてじっくり話し合っていけばわかってくれるだろう。そう思って、根気強く訴え続けたのですが、一向に耳を貸そうとしません。あまつさえ、全教員が集まって話し合うビジョンミーティングの場で、「こんなのは大学じゃない」「こんなんで大丈夫でしょうか、とても不安です」「とんでもないところへ来てしまった」などと、いい出す始末です。事ここに至ってはどんなに語り合っても無駄。時間を浪費するだけです。あまり好きなことではありませんが、私はきっぱり辞めていただくことにしました。

その後も私は一所懸命、語り続けました。その結果、大学開学時にはだいたい3割ほどの先生方がわれわれのビジョンを理解し、賛同してくれるようになりました。何事も最初が肝心ですから、本音をいえば半分くらいの賛同者がほしいところでしたが、時間がない中での訴えでしたから、3割ほどでもよしとしなければなりません。あとは、どれだけキャンパスアドバイザーに奮闘してもらえるか、すべてはその一点にかかっています。

学生が挨拶する大学

開学から5年たったいま、賛同者もかなり増えて、ざっと見たところ7割前後の先生方が東京未来大学のビジョンに共感を覚えてくれているようです。あと1、2年もすれば8割から9割の先生方が、「この大学、ちょっと変わっているけれど、けっこう魅力的だよね」とか「キラリと光る特徴のある、いい大学だよね」などと、評価してくれるようになるのではないかと期待しております。

一方、当初から掲げてきた「教員中心の大学から学生中心の大学に」「研究中心の大学から教育中心の大学に」「自由放任の大学から面倒見のよい大学に」「教員と学生の距離が遠い大学から距離の近い大学に」という目標ですが、これらが達成されたかといえば、まだまだクリアしなければならない課題が残されています。けれど、かなり頂上に近づきつつつある、という実感はあります。それだけキャンパスアドバイザーをはじめとする先生方が懸命に努力された、ということです。

先生方の頑張りといえば、開学からしばらくたった頃、「東京未来大学の学生さんはよく挨拶をするね」という声があちこちから聞こえてくるようになりました。そういう声を耳にするたびに嬉しい気分になりますが、「挨拶する学校」はいまに始まったことではありません。専門学校の時代からの伝統です。しかし、この伝統を大学でも継承しようという話になったときにはやはり、かなり強い抵抗があったようです。

「きちんと挨拶のできる学生を育てましょう」といえば、「ああ、それはいいことだね、やりましょう」と、誰もが賛成します。「挨拶はよくないことだから、やめましょう」と反対する人はまずいません。ところが、具体的方法論に話が及ぶと、即座に尻込みする人が出てきます。1章でも書いたように、挨拶を徹底させるには先生のほうから挨拶をしなければならないからです。

朝は校門に立って「おはようございます」と、一人ひとりに声をかける。廊下ですれ違えば、素知らぬ顔で通りすぎようとする学生に「こんにちは」と、先生のほうから声をかける。これに先生方は抵抗を感じるのです。

「小中学校の先生ならいざ知らず、われわれは大学の教員ですよ。そんなこと、できるわけないじゃないですか。そもそも、そこまでやる必要があるんですか」

というのが大方の反応だったようです。彼らの言い分もわからないではありません。ある意味、当然かもしれません。しかし、社会人になったとき、挨拶できるかできないかで周りの評価はずいぶん違ったものになります。

「それを考えたら、学生のうちからきちんと挨拶するように指導すべきではないでしょうか。学生たちのためになることですから、ぜひやりましょう」

と、キャンパスアドバイザーたちが一所懸命訴えかけたところ、賛同する教員が数名現れて「挨拶する大学」への取り組みが始まりました。それから今日まで、いろいろと苦労があったことと想像しますが、いまでは半数以上の学生が挨拶するようになりました。

東京未来大学の学生たちは、私が理事長であるとは知りません。それでも、顔を出すたびにあちこちから「おはようございます」「こんにちは」という挨拶の言葉をかけられます。ということは、外部から来られるお客さまにもきちんと挨拶している、ということです。

全員が挨拶するようになれば最高ですが、たとえ半数であっても、ここまで導びかれた先生方の努力には頭の下がる思いです。

手弁当で手伝う学生たち

近年、ほとんどの大学でオープンキャンパスというものをやるようになりました。教育内容を知ってもらうことを目的に開催されるのが、オープンキャンパスです。主に夏休みの期間中、大学を開放して受験生やご家族の方々に校内を見てもらうのですが、これには人手がかかります。校内の案内役や授業の説明役などが必要で、大学のスタッフだけではとても手が回りません。その人手を賄うために、学生スタッフを募集する大学が多いようです。

東京未来大学でも、オープンキャンパスを開催するにあたって、学生スタッフを募集することになりました。ただし、まったくのボランティアで、報酬は一切なし。交通費も自己負担です。それでは応募してくる学生は知れたものだろうと思いきや、何と、その年の新入生240人のうち75人が応募してきたのです。いくら何でも3分の1近くの学生が応募してくるなんて、にわかには信じ難い話です。そこで、オープンキャンパスが始まったら学生スタッフの指導にあたることになっている、キャンパスアドバイザーが彼らに確認しました。

「皆さん、本当に手伝ってくださるのですか」

「はい」

「報酬も交通費も出ないんですよ。それでもいいのですか」

「はい、大丈夫です」

何と、全員やる気満々だというのです。それは嬉しいかぎりではあります。けれど、東京未来大学は1学年240人のとても小さな大学です。75人もの学生スタッフに手伝ってもらうとかえって混乱をきたす恐れもなしとはいえず、いろいろと厳しい条件を出して、辞退者が現れるのを待つことにしました。ところが、辞退者は1人も現れません。それでは仕方がない、面接をやって半数に減らそうということなり、最終的に40人に絞りました。そして、この40人とキャンパスアドバイザーが中心となって切り盛りしていくことになったのですが、それにしても私は不思議でなりません。

このご時世、アルバイトをやれば1日1万円にはならないかもしれないけれど、5000円や6000円にはなるはずです。対してオープンキャンパスは報酬ゼロ、交通費も自己負担。それでもお手伝いしたいというのは、いったいどういうことなのか。私はそれとなく2人の学生スタッフに尋ねてみました。

「君たち、アルバイトはやってないの？」

「やっています」

「じゃあ、今日はアルバイトを休んだの？」

「はい。あらかじめ休みの許可をいただいています」

「なぜ、アルバイトを休んでまでお手伝いしようと思ったの？」

「私は、キャンパスアドバイザーの先生方ともっと親しくなりたかったから、というか、もっとお話がしたかったからです。キャンパスアドバイザーの先生って、親切で優しい方ばかりなので、ああいう人になりたいなと思っていました。そしたら、オープンキャンパスのスタッフ募集があったので、迷わず応募しました」

もう1人は、応募した理由についてこういいました。

「私の場合は、高校3年のときにここのオープンキャンパスに参加したんです。そしたら、いろいろと説明してくれる大学生がとても素敵で、この大学にしようと決めたんです。ですから、今度は逆に私が高校生たちに東京未来大学の素晴らしさについて説明してあげよう、と。それで学生スタッフに応募しました」

2人から聞いただけなので断定はできませんが、スタッフに応募した学生はどうやら、みんな東京未来大学のことを好きになってくれたみたいです。入学して1年もたたないというのに、そこまで好きになってくれたとは、嬉しいかぎりです。

頻繁に研究室を訪れる学生たち

4つのビジョンのうちの「教員と学生の距離が近い大学」、これについてはかなりのレベルに達しているといえるのではないかと思っています。というのも、研究室を訪ねる学生の数が非常に多いからです。

最近は、東京未来大学にかぎらず、どこの大学でも教員と学生の距離を縮めようと考えているらしく、そのための方策としてオフィスアワーを設置する大学が増えてきています。むしろ、設置していない大学のほうが珍しいくらいかもしれません。

オフィスアワーというのは欧米の大学が始めた制度で、教員と学生の交流を深めるためにあらかじめ指定した研究室（オフィス）などに教員が待機し、学生の訪問を受ける時間帯のことをいいます。この時間帯なら予約なしで訪問してもＯＫとしているのが一般的で、訪問の目的も限定していないところが多いようです。学業や学生生活に関する質問や相談はもちろんのこと、雑談でも構わないということであれば、学生としても訪問しやすいだろう、ということで訪問の目的に制限を設けないところが多いということです。

むろん、東京未来大学でもオフィスアワーを設置しております。が、それはあくまで型式的なものにすぎず、オフィスアワーであろうとなかろうと、いつでも自由に訪問していいことになっています。また、訪問しやすいように、各研究室の入口はガラス張りにしてあります。先生が在室しているかどうか、一目でわかるようにしたわけです。それだけオープンにしているのですけれど、問題は訪ねる学生がいるかどうか、です。そこは大いに気になるところなので、先生方に尋ねてみたところ、次のような返事が返ってきました。

「訪ねてくる学生はいますか」

「いますいます、いっぱいいます。前の大学よりはるかに多いです。勉強熱心な学生が多いので驚いています」

「訪問の目的は？」

「主に勉強に関する質問や相談です」

「大学生活に関する相談はありませんか」

「それはあまりありません。きっと、キャンパスアドバイザーに相談しているんじゃないかと思います」

こちらとしては、受け入れ体制を万全に整えたつもりです。にもかかわらず、訪ねてくる学生が少ない、もしくはほとんどいない、ということであればガッカリしてしまいますが、これを聞いて安心しました。そういう視線でキャンパス内を見回すと、先生と学生が立ち話をしている姿がやたらと目に付きます。これは私の学生時代には見られなかった光景です。

教学の先生方との距離がこれだけ近いのですから、キャンパスアドバイザーとの距離となると、もっともっと近いようです。何といってもキャンパスアドバイザーは、専門学校で先生をしながら三幸スピリッツを体得した人ばかりなのですから、面倒見のよさでは天下一品、右に出る者はいません。そういうキャンパスアドバイザーと4年間も接していれば、当然のことながら距離が近くなります。

東京未来大学では平成23年に初めての卒業生を世に送り出しましたが、驚いたことに、初任給で高価なお菓子を買って、キャンパスアドバイザーにプレゼントした卒業生がいたというのです。「お世話になりました。気持ちばかりですけれど、召し上がってください」と、わざわざ大学まで持ってきたというのですから、驚きというより感動ものです。

初任給で親にプレゼントする、という話ならよく耳にします。しかし、初任給で大学の先生にプレゼントするなんて、いまだかつて聞いたことがありません。そのキャンパスアドバイザーは一体どれだけ親身になってお世話をしたのだろう。そう思うと感激のあまり涙がこぼれてきました。

ところが、話はこれで終わらなかったのです。何と、翌24年の卒業生の中にもプレゼントを持ってきた人がいたというのです。これは従来の大学では絶対に考えられないことです。オーバーに聞こえるかもしれませんが、これまでの常識を覆すことです。

こういう話を聞くにつけ、いろいろ大変なことがあったけれど、大学づくり、大学革命にチャレンジしてよかったと、つくづく思います。しかし、ここで気を緩めるわけにはいきません。「百里を行く者は九十里を半ばとす」という言葉もあります。さらに気を引き締めて、より素晴らしい大学づくりに向けて頑張らなければと思っているところです。

モチベーション行動科学部の新設

平成24年4月、東京未来大学に「モチベーション行動科学部」という新しい学部が新設されました。

モチベーション行動科学部……名称を聞いただけでは、どんなことを学ぶ学部かわからない、高校生にはなおのことわからないと思いますが、一言でいえば、人間集団のモチベーションを高める方法を科学的に研究していこう、という学部です。

中国やベトナムなど成長途上にある国々には、お金とポストを目指してがむしゃらに働く人がいまなお、たくさんいます。頑張れば頑張っただけより多くの報酬が貰える、生活が豊かになる、ポストが貰える、というので誰もがみんな、必死になって働いているわけです。

日本もかつてはそうでした。「モーレツ社員」とか「24時間働けますか」という言葉が流行語になるくらい、お金とポストを目指して頑張る人が多かった。いまはどうかといえば、モーレツ社員はすっかり影をひそめてしまい、最近ではそれに取って代わる形で、イクメン社員（育児休暇をとるなど育児に積極的に参加する社員）というのが台頭しつつある、とのことです。

なぜ、これほどまでに様相が一変してしまったのか。理由は明白、日本社会が成熟段階に入ったからにほかなりません。

成長期が終わり成熟期を迎えた日本は、物質的に極めて豊かになりました。身の周りはモノであふれています。不景気になったとはいえ、豊かさにおいてはいまだ途上国の比ではありません。そういう豊かな環境の中で生まれ、何一つ不自由せずに育った若い世代にとって、お金やポストはもはや魅力ではなくなってしまった。つまり、お金やポストはモチベーションを高める決め手ではなくなってしまったのです。

実はいま、この問題で頭を抱えている企業が多く、私のところにもしょっちゅう、「三幸学園の職員はなぜ、みんなモチベーションが高いのか、その理由を教えてほしい」といった相談が寄せられます。

たしかに、三幸学園の職員のモチベーションは世間一般と比べて高いとは思います。しかし、その理由となると私自身、明確なところはわかりません。じゃあ、モチベーションを高める方法について科学的に分析・研究する場を設け、課題を自ら発見し、周りの人たちと協力して解決方法を考えて実践できる人間を養成したら面白いし、社会に貢献できるのではないか、ということになって学部を新設した次第です。

モチベーション行動科学部の定員は100名。初年度は認知度が低いためでしょうか、残念ながら定員には至りませんでした。それでも、授業内容はびっくりするほどレベルが高い。私も一度、見学したことがありますが、あまりにも授業内容が刺激的で、思わず「自分も学生に戻って勉強してみたいな」と、案内してくれた職員に口走ってしまったほどです。

そのときの授業は、「高校生のモチベーションを上げる」というのがテーマで、学生一人ひとりが自分でプレゼンし、実際に高校へ出かけていって高校生と話し合う中で見出した結論を発表する、というのが行なわれていました。発表時間は一人約15分。そのかぎられた時間の中で、どういう視点からどういう仮説を立て、どんなデータを集め、どういう結論が導き出されたかを理路整然と説明しなければならないのですから大変でしょうが、いずれの報告も非常にレベルが高く、聴いているこちらまで元気づけられるような内容でした。

ちなみに、モチベーション行動科学部には、大教室で教授の話を一方的に聴くだけ、という授業は1コマもありません。すべて学生参加型の授業です。授業の最後には必ずディスカッションの時間があります。さもなければ、最初からディスカッションをしていくという授業もあります。

私の経験に照らし合わせても、大教室で行なわれる一方通行の授業くらい退屈なものはありません。よほど面白い話をしてくれる教授の授業は別として、教える気概があるのかどうかわからないようなボソボソとした声を、マイクを通して聴かされるのが大方ですから、学生はたまったものではありません。

数年前、こういう話を耳にしました。東京大学とエール大学を受験し、両方合格した大変優秀な高校生がいたそうです。そしてその高校生は、親戚の人たちと相談した結果、東京大学に入学することにしたものの、わずか半年で退学し、エール大学に入り直したというのです。なぜか。大教室で教授が一方的に話すだけの東大の講義なんか面白くも何ともない、何の刺激もない。というのでエール大学に入り直したら、ここの講義のエキサイティングなことといったらなく、どの授業も白熱していた。ハーバード大学のマイケル・サンデル教授の「ハーバード白熱教室」というのが有名ですが、あれと同じような学生主体の白熱した講義が行なわれていて、早めに東大に見切りをつけてよかった、といったというのです。

どこの国へでも留学できるようになったいま、日本の大学が旧態依然たる講義を性懲《しょうこ》りもなく続けていたら、世界から取り残されてしまいます。取り残されるのならまだしも、生き残っていけないでしょう。

新学部を開設するにあたって、この自論を先生方にぶつけました。

「東京未来大学のビジョンの一つとして、〝教員中心の大学から学生中心の大学に〟というのを掲げましたが、年間スケジュールだけでなく、授業も学生中心に進めてください。学生参加型の授業には慣れていないかもしれません。しかし、ご自分の教育技術を磨くつもりでチャレンジしていただきたい。よその大学でやっているような、一方的な講義だけはくれぐれもなさらないようにしてください」

学生参加型の授業に慣れていない先生にとっては多分、挨拶を徹底させるのと同等か、もしくはそれ以上に大変なことだったのではないかと思います。それでも、学生参加型の授業にチャレンジし、学生たちのやる気を引き出してくださっているのですから、理事長としては有り難いかぎりです。

理事長室のない大学

東京未来大学には理事長室がありません。昔は職員室に専用の椅子がありましたが、いつの間にかそれもなくなってしまい、いまでは大学へ行っても私の座る場所はありません。仕方がないから職員室の空いている椅子に腰かけて、同じく職員室で仕事をしているキャンパスアドバイザーの先生方から、学生たちに関する情報や志願者に関する情報など、さまざまな話を聞くことにしています。

私は元来、広々とした理事長室に豪華な椅子とテーブルをセットし、深々と腰をかける、というのが好きなタイプです。テレビドラマなどによく出てくる、きらびやかな社長室の革張りの椅子に葉巻か何かをくわえながらデーンと構える、というのを一度やってみたいと常々考えていました。でも、東京未来大学をつくるとき、立派な理事長室をつくろうと……は考えませんでした。

理事長であるとはいえ、ほかの仕事を兼務している私は、四六時中、大学に張り付いているわけにいきません。そんな理事長のために豪華な理事長室を設《しつら》えたりしたら、それこそ天罰がくだります。だから、最初からつくらなかったのです。

ないといえば、東京未来大学には学生課も教務課もありません。前にちょっと触れたかもしれませんが、学生課の仕事、教務課の仕事はすべてキャンパスアドバイザーが担っているのです。そのキャンパスアドバイザーが常駐しているのが職員室ですから、東京未来大学では職員室へ行けばすべての用事が一発で済むようになっています。

その代わり、キャンパスアドバイザーは大変です。クラス担任として学生たちから勉強の相談や学生生活の相談、進路相談などを受ける傍ら、企業を訪問しては就職の斡旋交渉をしたり、高校を訪問しては大学の紹介をしなければならないわけですから、それこそ目の回るような忙しさです。

要するに、東京未来大学の経営はキャンパスアドバイザーを中心に回っているのです。キャンパスアドバイザーに聞けば経営のことは何でもわかるようになっているわけです。東京未来大学に足を運ぶとき、真っ先に職員室のドアを開ける理由はそこにあります。

一方、学生たちの教育は、教学の先生方を中心に回っています。何といっても大学のウリは教育の質です。経営はうまく回っていても、教育のレベルが下がればたちどころにそっぽを向かれてしまいます。それを考えたら、教育をおろそかにすることはできません。いまはしかし、東京未来大学のビジョンを深く理解してくださっている学長を中心に、絶えずレベルアップを図っているようですので安心です。

経営の軸と教育の軸、2つの軸がそれぞれうまく回転していけば、近い将来、大学界に旋風を巻き起こすことができるのではないかと期待しているところです。

求められる人間力、社会人基礎力の養成

現在のところ、東京未来大学の学生たちは概ね、学生生活に満足しているようです。キャンパスを歩いている姿を見ても実に楽しそうですし、アンケートをとればほとんどの学生が「この大学が好きになった」「この大学を選んでよかった」と答えてくれます。お客さま満足度ならぬ学生満足度という視点から見れば、かなり高いのではないかと思っております。

それはそれで嬉しいかぎりではあります。しかし、ただ楽しい、愉快だというだけで4年間を終えられたら、一定の職能力と社会性を身につけた人材を世に送り出すという責務

を負っている私どもは困ってしまいます。

正直なところを隠さず申し上げると、「このまま社会に送り出していいんだろうか、大丈夫だろうか」と不安を覚える学生が散見されるのです。「開学してまだ4、5年なんだから仕方のないことですよ」と好意的にいってくださる方もいます。しかし、たとえ少数であっても、そのような学生を世に出すことになれば、それはとりもなおさず、私どもの力が及ばなかったということであり、直截にいえばわれわれの敗北です。

したがって、東京未来大学は今後、社会を生き抜いていくための「人間力」や「社会人基礎力」をいかにつけさせるかをテーマに、より一層、教育に力を入れていかねばなりません。その結果、社会に有為な人材を輩出し続けるようになれば、その時点で創立の目的は一応達成された、ということができるでしょう。しかし、「有為な人材を輩出する大学である」かどうかの判定はわれわれにはできません。それをするのは企業であり、社会です。それだけに甘えは許されません。

そのためにも、周囲の意見に耳を傾けながら、「東京未来大学」という名称どおり未来に向けて一歩一歩着実に歩んでいく必要があります。

第3章　お金と自分のために始めた教育事業

父を反面教師にして培ったポジティブ思考

この章では、私自身の生い立ちから教育事業を立ち上げた頃までの話を語ってみたいと思います。

私は昭和22年に東京・葛飾区の金町というところで、サラリーマン家庭の長男として生まれました。兄弟は5人。私は末っ子です。つまり、上4人がすべて女の子の中で、最後に生まれてきたのが私だったわけです。それくらいですから、親もけっこう年をとっていて、私が生まれたとき父親は45歳。いまは40過ぎてから結婚する人も少なくないので、45のときの子どもといってもさほど珍しくありませんが、当時としてはかなりの年寄りっ子だったと思います。

それには理由がありました。私のすぐ上の女の子が終戦直後に亡くなってしまったらしいのです。むろんそんなことを、私には知る由もありません。けれど、物心ついてから母親からよく聞かされました。「あの子が生きていれば、あなたは生まれてこなかったのよ」と。この一言はとてもショックでした。どういうことなのか、意味はよくわかりません。

意味はわからないけれど、「あなたは生まれてこなかった子なのよ」という母の言葉は、幼い心にグサリと突き刺さったような気がします。

ショックといえば、小学6年生のとき、一人の姉が統合失調症（当時は精神分裂病と呼ばれていました）で入院することになってしまったことで、これはさらに大きなショックでした。いまでは精神疾患も数ある病気の一つくらいに受け止める人が多いようですが、当時、そうした家族を抱えていることがどれほどの精神的負担になったか、私と同年代の方ならおわかりいただけるのではないかと思います。

このときからです、将来のことを真剣に考えるようになったのは。

前述したように、私は父が45歳のときの子です。ということは、私が10歳になったとき、つまり小学4年生になったとき父はすでに定年退職の年を迎えていたのです。いまは、60歳定年が一般的です。しかし、当時は55歳だったのです。ですから、小学4年生のときにはすでに定年退職していたわけです。それでも父は会社を辞めずに会社勤めを続けていました。おそらく、「鳥居さんのところはまだ子どもが小さいから、もうちょっと会社にいてもいいよ」ということで、いまでいう嘱託みたいな形で働かせてもらっていたのではないかと思います。

だからといって、いつまでも働き続けられるわけではありません。中学を卒業する15の頃には父も60歳。それ以上、会社勤めもできないでしょう。となると、自分は高校へ行かせてもらえないかもしれない。みんなと同じように高校へ行けず、中学を出たら働かなければいけなくなるかもしれない。しかも、年老いた両親と病気の姉を養っていかなければならないのだから、大人になっても結婚できないかもしれない。

母はしょっちゅういっていました。「お前は長男なんだから、一家を養っていくんだよ」と。その言葉がいまさらながら重くのしかかってきて、夢も希望も持てないような気分になってきました。それでも私は、なるたけネガティブには受け止めず、努めて明るく考え、明るく振る舞うようにしていました。暗くばかり考えていたら本当に暗くなって、次から次へと嫌なことばかり起きてくるのではないか。そんなふうに考えていたからです。それは父から学んだことでした。

父はとてつもなくネガティブで、何かというと「一難去ってまた一難」「ああ、ツイてない、ツイてない」、そんなことばかり口にする人でした。子どもの時分、そして大人になってからも、耳にタコができるほど、もう勘弁してくれといいたくなるほど、この2つの台詞を聞かされ続けました。

たしかに父はツイていなくて、空襲で焼け出されてやっとの思いで向島から金町へ逃げてきたと思ったら、荒川の氾濫で水害に遭い、水に浸かった家の修繕が終わったら今度は家族が大病を患う、といった具合に傍目にも大変な人生だったようです。それを考えたら「一難去ってまた一難」とか「ああ、ツイてない」といいたくなる気持ちもわからないではありません。けれど、そんなことばかりいってきたから本当にツキに見放されてしまったのではないだろうか、嫌なこと、辛いことがあっても「自分はツイている、ツイている」と口に出したほうがいいんじゃないだろうかと、子どもなりに考えていました。

言葉には、言霊といって人の幸・不幸を左右するほどのパワーが秘められており、いいことでも悪いことでも言葉に出し続けているといつか必ず現実化する、という話を聞いたのは大人になってからのことです。あの頃、そんな難しい話を聞いても理解できるわけがありません。子どもの直感とでもいうのでしょうか、ただ漠然と考えていたにすぎません。私はしかし、小学校、中学校の頃からなるたけマイナスの言葉は吐かないように努めてきましたし、いまでも心がけているつもりです。

人間、悲しいことと辛いことに直面すると、どうしても心が暗くなりがちです。それは仕方のないことだと思います。けれど、心はコントロールできなくても、口に出す言葉は意識次第である程度コントロールできるのではないでしょうか。

前向きなこと、発展的なことを言葉に出していい続けていると、いつか必ず実現する……かどうかは、正直なところわかりません。けれど、少なくとも周囲を明るく楽しくすることはできます。これはとても大切なことだと思います。

ともあれ、父という反面教師がいてくれたおかげで、私は周りに毒ガスをまき散らすような人生を歩まずに済みました。そして、その結果だろうと勝手に思っていますが、私の人生はラッキーの連続でした。どこがラッキーなんだ、苦労の連続だったじゃないかと周りの人はいうかもしれませんが。周りが何といおうと関係ない、自分は最高にラッキーだ、最高に幸せだ、そう信じて疑わないことにしています。

母のヘソクリで大学進学

さて、高校へは行けないものと半ば覚悟を決めていた私ですが、母がヘソクリを貯めていたおかげで、何とか高校に進学することができました。それどころか、大学まで行かせてもらえました。

父は、高校を卒業したら働いてほしいと願っていました。対して母は、一家を養っていかなければならないたった一人の男の子だし、家には継がせるほどの財産がないのだから、せめて学歴くらいは付けさせてやりたい、いい大学を出て、一流企業に就職してほしい、という気持ちが強かったようです。

その母がこつこつと蓄えた、なけなしのヘソクリのおかげで大学に行けたわけです。ですから当然、母の期待に応えるべく、一所懸命勉強しなければと思っていました。

ところが、私が入学した昭和41年はベトナム戦争が一段と激しさを増してきた年で、大学の門という門には「ベトナム戦争反対」と書かれた巨大な立て看板が、所狭しと立てかけられていました。その立て看板の脇では、ヘルメット姿の学生がハンドマイク片手にアジ演説をしているわ、向こうではゲバ棒で武装したヘルメット集団がデモ行進をしているわで、まるで授業になりません。それどころか、大学側がロックアウトという学内封鎖措置をとって、学生を学外へ排除したこともたびたびありました。

そんな騒然とした雰囲気の中では、勉強しようにもなかなか集中できません。それでも、われ関せずとばかりに、黙々と勉学に励む学生もいました。いた、というより、そういう学生のほうが多かった、というべきかもしれません。本来なら私も、彼らと同じように勉強に専念しなければならない立場にあります。何しろ、母親の大きな期待を背負っているわけですから。けれど私は、少しばかり血の気が多かったのか正義感が強かったのか、ベトナム戦争なんか関係ないという彼らの姿勢には多分に違和感を覚えていました。

あの当時、日本の基地からベトナムに直行して爆撃した米軍機はありませんでした。しかし、燃料や食糧の補給は日本国内の基地で行なっていましたし、原子力潜水艦も横須賀や佐世保で物資の補給をしていました。つまり、直接的ではないにせよ日本が間接的に米軍に加担していたのは明白な事実であり、われわれが勉強しているこの瞬間にも、そのことによって何百、何千という無辜《むこ》のベトナム人が命を落としているかもしれなかった。それを考えたら、ベトナム戦争なんか関係ないという態度は、人間として許されないのではないか。一人の日本人として、ベトナム戦争には反対であると、はっきり意思表示をすべきではないか。それもしないで、自分の将来のためだけに勉強に専念するというのは、ちょっと卑怯なのではないか。そんな想いが日に日に強くなっていったのです。

そこで私は、比較的穏健なセクトに加わって、自分の意思を明確に表明することにしました。デモにも行きました。機動隊とも揉み合いました。屈強な機動隊員と体をぶつけ合うのはとても怖く、思わず逃げ出したくなったことも幾度かありましたが、「逃げてはダメだ、逃げてはダメだ」と自分を奮い立たせながら闘い続けました。

催涙ガスをモロに浴びて、失明するんじゃないかと不安に駆られたこともあります。放水銃にやられて全身びしょ濡れになったこともあります。そうやって、全身びしょ濡れのまま、家族が寝静まった頃を見計らって、そーっと金町の家に帰るのですが、きっと母は気づいていたのでしょう、翌朝、顔を合わせると決まったように聞いてきました。「お前、まさか学生運動なんかやっているんじゃないだろうね」と。このときほど返答に窮したことはありません。

私としては親孝行をしたい。そのためにも精いっぱい勉強し、いい会社に就職して親の期待に応えたい。さりとて、ベトナム戦争という悲惨な現実から目を背けたら、自分の正義感が許さない。許さないいんだけれど、デモに参加して逮捕されるようなことがあれば、前科が付くから就職は難しくなる。そしたら親を裏切り、親を悲しませることになる。

「忠ならんと欲すれば孝ならず、孝ならんと欲すれば忠ならず」

これは、父親の平清盛と、清盛と対立する後白河法皇の間に立たされた平重盛が苦しみ抜いた末に語ったとされる有名な台詞ですが、私の場合は、さしずめ「義ならんと欲すれば孝ならず、孝ならんと欲すれば義ならず」といったところでしょうか。もちろん、そんなに格好つけていうほどのことではありませんが、私の大学生活は、孝と義のはざまでけっこう呻吟《しんぎん》した4年間でありました。

オンワード樫山を2年で退社

学生運動に身を投じながらも、何とか4年で卒業した私は大手アパレル会社、オンワード樫山に入社しました。職種は営業、初任給は3万6000円。そのうち2万円を家に入れ、残りの1万6000円を自分の生活費に充てることにしました。いまの時代に数字を合わせて説明すると、たとえば初任給が手取り16万円だとすると、10万円を家に入れ、残りの6万円を自分で使うようにしていたわけです。半分以上を家に入れたのは、いうまでもなく姉を含めた家族3人の生活を支えるためです。でも、それでは私の生活が苦しくてなりません。むろん貯金なんかできません。ですから私は、早く給料をたくさん貰えるようになりたい、いつになったらたくさん貰えるようになるのだろうかと、それればかり考えていました。

そういう目で先輩や上司を眺めると、羽振りのいい人がけっこういます。いつもパリっとしたスーツを身にまとっていて、見るからにリッチそうです。しかも、誰それが新車を買った、新築の家を購入したという話があちこちから伝わってきます。そういう先輩・上司たちを見ていたら、「あっ、そうか。あの年代になったらいいお給料が貰えるようになるのだな」と思ってしまうではありませんか。ところが、そうではなかったのです。

よくよく観察すると、羽振りのいい先輩・上司がいる半面、「アパレル会社に勤めているんですから、もう少しちゃんとしたスーツを着たらどうですか」と思わずいいたくなるほどヨレヨレのスーツを着ている人もちらほら目につきます。変だな、おかしいなと思って、一人の先輩に尋ねると、考えてもみなかった返事が返ってきました。

「羽振りのよさそうな連中は、親が金持ちか嫁さんの実家が資産家か、そのいずれかだよ。新車を買った、家を新築したと胸を張っているけれど、金の出所は大方、親か嫁さんの実家。中には月々の生活費までバックアップしてもらっているやつもいるらしい。実にうらやましいかぎりだけど、ウチの会社、どういうわけか資産家の息子が多いんだよな」

ああ、そういうことだったのか。だったら、貧乏人の家に生まれた俺みたいな人間が長くいる会社じゃないな。父と母と姉の3人を養っていかなければならない俺には不向きな会社だな。そう考えて、2年で退社してしまいました。

退社するにあたっては非難ごうごう、親からも親戚からも「せっかく一部上場企業に就職できたというのに、なぜ辞めてしまうのか」と、さんざん問い詰められました。しかし、どんなに非難されようが反対されようが、将来が見えない会社にとどまったところで意味がない。退社の決意は微動だにしませんでした。だからといって、ほかの会社へ転職するつもりは微塵もありませんでした。私は、オンワード樫山という会社に見切りをつけたのではなく、サラリーマン生活そのものに見切りをつけたのです。

医療事務従事者として独立

会社を辞めて、じゃあ何をやるか。わずか2年間といえども、婦人服の販売に勤《いそ》しんだわけですから、将来的にはアパレル関係の仕事をやってみたいという願望はありましたが、問題は当面の生活をどう支えるか、です。それを考えたら贅沢はいっていられません。

最初に浮かんだのは廃品回収業でした。当時、金町の周辺には小さな工場が密集しており、「それらの工場から出る鉄くずを回収すれば、かなりのお金になる」という話を人づてに聞いたのです。

廃品回収なら、必要な初期投資はリヤカーくらいのもの。しかも、汚い仕事だからライバルも少ない。これはいい、これに決めた。そう思った矢先、一本の新聞記事が目に止まりました。そこには大略、こう書かれてありました。

「医療関係者が頭を抱えている問題に、医療事務がある。いま現在、医療事務従事者が極端なほど不足しており、そのため、中小の医院では診察終了後に医師や看護婦総出で診療報酬点数の計算や請求書の発行にあたっているが、慣れない作業のため夜中の1時、2時までかかることもある……」

あっ、これだ。廃品回収業もいいけれど、こっちのほうが将来性がありそうだ。それに、医療事務だったらボールペン1本とソロバンさえあれば始められる。リヤカーも買う必要がない。こりゃいい。

私は早速、医療事務の資格を取得すべく通信教育を受けることにしました。教育期間は2カ月。その2カ月の間、私は死に物狂いで勉強しました。何しろ無職でしたし、オンワードを辞めると同時に結婚しましたから、何が何でも2カ月で資格をとって、一刻も早くクライアントを確保しなければならなかったのです。

「えっ、結婚したの？　次の仕事のアテもないのに結婚するとは。勇気があるなあ」という声が聞こえてきそうですが、よせばいいのに結婚してしまったのです。けれど、不思議と自信はありました。俺ならできる、道を切り拓いてみせる、と。

さて、勉強開始から2カ月後、晴れて資格を取得した私はすぐさま営業に出ました。とりあえずは葛飾区内をターゲットに、内科、耳鼻科、眼科、整形外科、およそ医院と名のつくところはしらみ潰しに回りました。

数十軒、いや数軒も回ればすぐにとれる。当初はそう見込んでいました。ところがどっこい、そうは問屋が卸さない。1カ月間、足を棒にして歩いても成果はゼロ。どこもかしこも「間に合ってます」のオンパレードだったのです。

これはいったいどうしたことなのか。あのとき読んだ新聞には「人手不足で困っている」と書いてあったじゃないか。あれは嘘だったのか。私は途方に暮れてしまいました。しかし、いつまでも途方に暮れているわけにはいきません。当面の生活費を稼がないことには、わが家の米びつはすぐにでも干上がってしまうし、3人の扶養家族は干からびてしまいます。

そこで私は、通信教育で勉強させてもらった先へ、アルバイトとして雇ってくれるよう交渉に出かけました。すると、向こうの担当者は意外な言葉を口にしました。

「君、アルバイトじゃなくて、正社員として働かないか。正社員ならボーナスも出るんだから、正社員になりたまえ」

「えっ、正社員？　それは嬉しい話ですけれど、自分はあくまで独立するつもりですから、正社員になっても長くは働けませんよ」

「それでもいいから、正社員になりたまえ」

「すぐに辞めることになると思いますが、本当にいいんですか」

「うん、いい」

おそらく、こんな若造に独立なんかできっこない、とでも思ったのでしょう。ともあれ、その日から昼は通信教育の会社で働き、夜は営業に歩くという生活がスタートしたのでした。

昼夜働くわけですから、肉体的にはけっこう厳しいものがありました。しかし、弱音を吐くことなく辛抱強く営業を続けました。それで結果が出れば万々歳なのですが、成果は相変わらずゼロ。営業に歩くだけでなく、簡単なダイレクトメールも配りました。それでも、これといった手応えはありませんでした。

オンワードを辞めたのが昭和47年の3月末。それから4、5月の2カ月間で資格を取得し、6、7、8、9月と営業に歩いたけれど、成果はゼロ。そして10月もゼロ。もう半年も営業しているというのに、まるで結果が出ないということは……。さしもの私も希望を失いかけてきました。

と、そのときです、初めての仕事の依頼が飛び込んできたのは。忘れもしない、江戸川区新小岩のY耳鼻咽喉科。そこの先生から「医療事務を頼む」と連絡が入ったのです。私は欣喜《きんき》雀躍《じゃくやく》、挨拶を兼ねた打ち合わせのため新小岩にすっ飛んでいきました。と、そこでY先生が提示された報酬額を聞いてびっくり。何と、オンワード時代に頂戴していたお給料とほぼ同じ額を提示してくださったのです。

毎月の診療報酬点数を計算し、それに基づいて請求書を起こして各保険組合に提出する、というのが主な医療事務の仕事です。1カ月分の診療報酬の請求は翌月の10日までと定められているため、医療事務の仕事は概ね月初めから10日までの10日間、長くても前月末から翌月10日までの約2週間で、10日を過ぎたら月末まで仕事はありません。つまり、医療事務の仕事は実質月10日間労働なわけです。それに対する報酬がオンワード時代のお給料とほぼ同じというのですから、そんなに頂いちゃっていいのかしらと戸惑いを覚えたほどです。

私は喜び勇んで新小岩に通いました。月初めの月曜から土曜は、昼の通信教育の仕事を終えたら夕方6時くらいにY医院に入って、10時か11時頃まで点数計算に没頭する。日曜日は丸一日使って同じ作業をし、10日になったら請求書を提出する。そういうサイクルを2回ほど繰り返した頃、またまた嬉しい報せが飛び込んできました。今度は、墨田区のS整形外科というところからの依頼です。そこもY耳鼻咽喉科とほぼ同じ条件で、これで生活がぐっと楽になりました。

しかし、10日間で2軒分の医療事務をこなさなければならないわけですから、さすがにキャパシティとしては目いっぱいです。仕方がないので、お世話になった通信教育の仕事を辞め、昼間も医療事務の仕事に専念することにしました。

同じく墨田区のT整形外科から依頼が舞い込んできたのは、それから3カ月ほどたった頃だったでしょうか。営業に歩いても歩いてもまったく成果が上がらなかった最初の半年が、まるで嘘のようです。それはそれで嬉しいかぎりではありましたが、3軒ともなると、昼間の時間を使ってフルに働いてももはや限界です。前述したように、医療事務の仕事は月初めから10日までの10日間にかぎられているわけで、そのわずか10日間で3軒分をこなすのは至難の業《わざ》といっても過言ではありません。むろん、無理をすればできなくはありません。しかし、無理して体を壊しでもしたら先方に多大な迷惑をかけることになります。だったら、誰か資格を持っている人に手伝ってもらうほうがいいのではないか。そう考えて、古巣の通信教育会社へ出向き、卒業生のうちから適当な人を紹介してくれるようお願いしたところ、二つ返事でオーケーをもらうことができました。

かくして私は、過酷な労働環境から解放されることになったのですが、すぐに問題が発生しました。通信教育会社が紹介してくれるのはほとんどが家庭の主婦で、短期ならできるけれど長くは働けないというのです。そのため、辞められるたびに通信教育会社に足を運ばなければならなくなりました。そうして何度目かのとき、顔見知りの常務さんが不機嫌そうな顔をしながら出てきて、こう宣言したのです。

「お前にはもう、ウチの卒業生は紹介しない。聞くところによれば、ずいぶんとうまい汁ばかり吸っているそうじゃないか。そういえばお前は、ウチの通信教育を受けていたときも、しょっちゅうやってきては、調子よく振る舞っていたよな。そんなやつに紹介なんかできない」

一体、何がどうしてこういう話になったのか、さっぱりわかりません。別に不義理をした覚えもなければ、紹介していただいた奥さんたちに意地悪をした覚えもない。なのになぜ、こんなことをいわれなければならないのか。理由を尋ねましたが、まるで取りつく島がなく、「紹介しない」の一点張り。もはや紹介していただくのは諦めざるを得ませんでした。

さて、困った。3軒のクライアントでも手いっぱいだというのに、すでに4軒になっていましたから、逆立ちしたって一人ではこなしきれません。何としてでもお手伝いしてくれる人を確保しなければ、クライアントに迷惑をかけてしまいます。私は急ぎ、別ルートで人を探しました。その結果、かろうじて一人確保でき、このときは事なきを得ました。しかし、アルバイトの人が辞めるたびにあたふたしていたのでは、仕事が安定しません。一体、どうしたらいいのだろう。私は、ない知恵を絞っていろいろ考えました。そして、思案を重ねた末に一つの妙案が浮かんできました。

そうだ、自分で医療事務の教室を開講すればいいんだ。開講して生徒を集め、集めた生徒の中からこれはという人を採用すれば、問題は解決するじゃないか。

かくして、教育事業への取り組みが始まり、その後、今日まで一貫して教育畑を歩み続けることになるわけですが、もともと私は教育に関心がなかったし、好きでもありませんでした。1章の冒頭でも述べたように子どもの頃を思い返しても、先生になりたいと思ったことなど、一度もありません。このときも、苦肉の策として教室の開講を思いついただけで、立派な教育をしよう、有能な医療事務従事者を育てようなんていう考えは、これっぽっちもありませんでした。すべては人材確保のためだったのです。いや、正直なところを開陳すれば、教室を開いてお金が儲かればいいな、という欲もありました。つまり、自分のため、お金のために教育事業を始めたわけです。

企業家への第一歩

医療事務の教室を開くことを決めはしたものの、どうやったら開講できるのか、具体的なノウハウは何一つ知りません。そのため、場所はどこにするか、ターゲットをどこに絞るか、どうやって生徒を集めるか、テキストをどうするか、授業料をいくらにするか等々、すべては無手勝流で進めるしかありませんでした。でも、これが実に楽しい。考えるだけでワクワクしてきます。

さて、医療事務教室を開講するにあたり、私はターゲットを家庭の主婦に絞りました。当時の専業主婦の中には、もう一度社会に出て働きたいという願望を持っている人が多かったからです。

いまでは信じられない話ですが、あの頃の女性の結婚適齢期はだいたい23歳前後、遅くとも25歳までといわれていました。ですから、学校を卒業して就職しても数年で適齢期を迎えるわけです。しかも、結婚したら寿退社といって、結婚と同時に会社を辞めるのがならわしでした。そうやって退職した女性はその後、子どもを産み、子育てに専念するわけですが、子育てが終わるとやることがない。いまなら、働く気になればパートやら何やら、いろいろ仕事があります。けれど当時は、働きたくても働く場所がなかった。ＯＬ時代に培ったスキルを発揮しようにも発揮する場がなかった。そのため、働きたくてウズウズしている奥さんがたくさんいたのです。

そういう奥さんたちをターゲットにすれば、そこそこ集まるのではないだろうかと考えたわけです。

次に場所をどこにするか。これはけっこう難しい問題で、場所の選定でミスをすると、事業そのものが立ち行かなくなる恐れがある。それくらいのことは承知していましたから、場所選びについては慎重に進めました。

当初、候補地として考えたのは、クライアントが開業している墨田区、江戸川区あたりでした。でも、東京にはライバルも多いし、東京の端っこで開設しても面白くない。いっそのこと、江戸川を飛び越えて千葉まで足を延ばしたらどうだろう。千葉なら東京ほどライバルも多くはないだろうし、東京寄りの市川、船橋、松戸、柏といったあたりには、都心でOLをやっていた奥さんが大勢住んでいるのではないだろうか。確証はないけれど、いっぱい住んでいるに違いない。

ということで、ターゲットを千葉県に移していろいろ検討した結果、最終候補地として残ったのは市川でした。市川市は昔から高級住宅地として有名で、作家の今東光も住んでいたらしい。だったら、社会で活躍したくてウズウズしている、高学歴の奥さんがたくさん住んでいるのではないか。それが市川を選んだ理由です。たったそれだけの理由で市川に決めたのです。慎重に進めたつもりの割には、実にいい加減なものです。本来なら、事前にリサーチをかけるべきなのでしょうが、そんなお金、どこにもないのだから仕方ありません。

場所が決まったら、あとは開設の準備です。準備といっても、そんなに大げさなことではありません。まずはJR市川駅の真ん前のビルの一室を借りました。23〜25人ほど入るといっぱいになってしまうくらいの小さな部屋です。そこに黒板やイス、テーブルを運び込んだら準備完了。間髪を容れず生徒募集の開始です。

募集の手段は、新聞の折込みチラシにしました。白地に青一色で「医療事務講座、6月生募集、講習期間2カ月」と書かれたチラシを配ったら、あとは説明会を開いて応募者が来るのを待つばかり。一体どれだけの人が来てくれるのかな。20人くらい来てくれると嬉しいんだけどなあ。でも、20人は無理かな。10人くらいかもしれないな。10人も集まらなかったらどうしよう。私は不安でなりませんでした。ところが、説明会の当日、腰を抜かすほど驚いてしまいました。何と、100人を超す人が応募してきたのです。

こうなると、教室のスペースが心配になりますが、それについては「月・木コース」とか「火・金コース」とか「夜間コース」を設定して振り分けましたから、問題ありません。また、先生も私ができましたから、これまた問題ありません。実は私、通信教育会社で働いていたとき、先生を経験しているのです。スクーリングの際、何度も教壇に立ちましたから、けっこう自信がありました。

かくして昭和49年6月、最初の医療事務講座がスタートしたわけですが、2カ月が瞬く間に過ぎ去り、「9月生の募集」にとりかかりました。

この頃になると、さすがに私も忙しく、本業の医療事務の仕事はアルバイトの人に任せっきりの状態になっていました。もちろん、それが最初からの計画であり、増え続けるであろうクライアントからの仕事を担当する医療事務従事者を確保するために、医療事務講座を開設したのです。受講生の中から4、5人でも「鳥居さんのお仕事、手伝ってあげましょう」といってくれる人が現れたらいいな、という気持ちで開設したわけです。

ところが、応募者数100人という数字を目の当たりにして、計画を見直さざるを得なくなってきました。

このときの受講料は、いまでも覚えていますが、一人3万3000円でした。ということはトータルで330万円の売上げ、ということになります。もちろん、これがそのまま私の収入になるわけではありませんが、オンワードでいただいた初任給3万6000円と比べれば、この330万円という数字がどれだけのものか、おわかりになると思います。

しかも、「医療事務講座」は1クール2カ月ですから、最低でも年間4回は開講できます。

つまり、年間1300万円以上の売上げが見込めるわけです。これを現在の貨幣価値に換算するといくらになるのか、正確なところはわかりませんが、おそらく4000万円は下らないでしょう。

さらにいえば、教育事業では先にお金が入ってくる。これも大きな魅力です。普通のビジネスでは、仕事をしたり納品したりしたあと、数カ月たってから入金されるではないですか。ところが、教育事業の場合は逆で、仕事をする前に受講料という名の入金があるのです。おまけに、新聞折込みチラシなど広告宣伝にかかる費用の支払いはあと。最初に市川で教室を開いたときは信用がないため前払いだったかもしれませんが、原則は後払いです。これが事業を展開するうえで非常に有利に働くのは、いうまでもありません。

窮余《きゅうよ》の策として始めた「医療事務教室」が、こんなにも魅力にあふれたおいしいビジネスであることを知った私は、すぐさま松戸にも教室を開設することにしました。ただし、私が市川と松戸の先生を兼任するのは、もはや体力的にも物理的にも不可能です。そこで先生を養成する必要が生じてきたわけですが、当初見込んだとおり、市川の教室には一流大学出の優秀な奥さんがたくさん受講されていました。その中から教え方の上手そうな人を数人選んで、先生をやってくださるようお願いしたところ、快諾してもらうことができ、これにて先生の問題は一件落着。というのでさっそく募集の広告を打つと、市川と同じように100人近くの応募者がありました。

これに自信を深めた私はその後、矢継ぎ早に柏、水戸、浦和、藤沢、平塚に教室を開設。一気呵成《いっきかせい》の拡大策に打って出たのでした。

都内進出と撤退

一気呵成の拡大策は、見事に成功しました。どこの教室も盛況で、生徒が集まらなかったところは1カ所もありません。なぜそんなにうまくいったのか。要因はいろいろあるでしょうが、一つの要因として場所の設定がよかったこと、これが挙げられると思います。

すでにお気づきのことと思いますが、教室を開設したのは東京近郊ばかりで、都内を避けています。なぜ避けたかというと、都内では大手の同業者が数社、盤石の基盤を築いていたからです。そんなところへ産声を上げたばかりのヒヨッコがのこのこ出ていったら、たちどころに叩き潰されるのは目に見えています。毛沢東の「農村から都市へ」ではありませんが、都内を攻めるのは周辺都市を固めてからで十分。そんなふうに考えていました。

それでも、「いつかは都内で勝負してみたい」という気持ちがなかったわけではありません。事業を立ち上げたかぎりは東京に出て行きたい、東京で勝負したいというのは、事業家に共通した心理ではないでしょうか。私も、多分に山っ気がありますから、都内への進出はいつも考えていました。そして、都内の同業者の状況をそれなりに調べてみました。その結果、神田はN学館が、上野はNセンターが、新宿はどこそこがという具合に、主要なターミナル駅周辺は大手ががっちり押さえていて、入り込む余地などないことがわかりました。

ところが不思議なことに、1カ所だけポッカリと穴があいたように、空白地帯になっていたのです。渋谷です。渋谷だけどういうわけか、大手が進出していなかったのです。はぁーん、都内に出るんだったら渋谷だな。とは思ったものの、それはまだまだ先のこと、当面は周辺の地歩を固めることに専念しなければ、と考えていました。

その周辺の教室は嬉しいことに、出すところどころどこも大変な盛況ぶりで、平塚に教室を開いた頃には生徒数が優に1000人を超えていました。もちろん、売上げも膨らんでいきます。わずか1年数カ月でこれほどの規模になるとは考えてもいませんでしたが、その頃になると誰とはなしに株式会社化という台詞を口にするようになりました。これだけ規模が大きくなったのだから、もうそろそろ個人事業から株式会社に切り換えたほうがいいんじゃないか、というわけです。

ちなみに、それまでは「日本医療事務協会」という名称でやっていました。いかにも全国区であるかのように思わせるために、ハッタリをかませてそういう名前にしたのですが、これはあくまで個人事業で、本部は市川の教室に置いてありました。

しかし、生徒数が1000人を超える規模になってもなお、個人事業としてやっていくのはいかがなものか。株式会社にすれば、人の採用や税制面その他で有利なのだから、株式会社にすべきではないのか。株式会社にするとしたら、本社は都内でなきゃまずいだろう。従来どおり市川に置いておいても問題ないかもしれないけれど、それじゃあ格好悪い。やはり都内に置くべきだ。都内だったら渋谷だ、渋谷以外にない。という具合に話がとんとん拍子に進み、ついに渋谷への進出が決定したのです。

そのために、さっそく部屋を借りました。渋谷警察から明治通り沿いに恵比寿方向に5分ほど歩いたところにあるビルの2部屋です。それまでの教室とは違って、50人ほど収容できるちょっと大きめの教室用の部屋と事務所用の部屋を借り、事務所用の部屋には、パーテーションで仕切っただけですが社長室まで設えました。

かくして昭和50年10月、株式会社日本医療事務協会が誕生し、私の立ち上げた事業は大きくステップアップすることになったのでした。市川に最初の教室を開設したときから数えて1年3カ月後のことです。

もちろん、それに合わせて名刺も新しくしました。「株式会社日本医療事務協会　代表取締役社長　鳥居秀光」、27歳の青年社長の誕生です。何と晴れがましいことでしょうか。私は、つくづく名刺を眺めながら、しばし恍惚感に浸っていました。

いや、この程度のことで満足してはいられない……ハッと我に返ると私は、渋谷教室開講のための準備にとりかかりました。といっても、いつものように折込みチラシはすでにまいてあるので、あとは説明会の日に訪れる応募者を待つだけです。

市川でさえ100人以上来てくれたのだから、人口の多い渋谷なら150人は堅いだろう。いや、200人を超えるかもしれない。私の胸は期待で高まるばかりでした。

そして説明会当日、応募者がやってきました。でも、7人だけ。それ以外は、待てど暮らせど1人も姿を現しません。私は、全身から血の気が引いていくのを感じながら、ただ立ち尽くすだけでした。

株式会社にし、また、それまでとは違って大きな設備投資をしたというのに、たった7人では大赤字。株式会社日本医療事務協会にとって一大事です。しかし、冷静になって考えれば、失敗したのは今回が初めてですし、偶然ということも考えられます。むしろ、一度も失敗しないというほうが不思議なくらいです。

私は、気を取り直して11月、12月と立て続けて募集をかけました。けれど、結果はほとんど一緒。応募者が10人を超えることはありませんでした。

人口の多い渋谷なのに、なぜ人が集まらないのか、実に不思議でした。でも、三度失敗を重ねた末に、何となく原因が見えてきました。おそらく、広告・宣伝のやり方がまずかったのだろうと思います。

最初に市川に教室を出したとき、開講を告知する方法として私は、新聞折込みを選びました。選んだというより、ほかに方法を知らなかったというべきかもしれませんが、ともあれ、折込みチラシで宣伝したところ、100人以上の人が応募してくれました。これに気をよくした私は、次の松戸でも柏でも、はたまた水戸でも浦和でもどこでも、告知は折込みチラシと決めてかかりました。その結果はといえば、大成功です。どこか1カ所でも失敗すれば、その時点で考え直したかもしれません。しかし、ことごとく成功したため、渋谷でも折込みチラシをまけば大丈夫と信じ込んでしまったのです。

しかし、渋谷と周辺都市とでは都市の構造が全然違っていました。周辺都市では住宅地と商業地、工場地帯とがかなり明確に区分されていますから、住宅地をターゲットにチラシをまけば大方、成功します。一方、渋谷の場合は住宅地と商業地がモザイク状に入り組んでいて、どこにまけば効率的なのか、よくわかりません。むろん、周辺地区全域にまけば確実ですが、それではコストが嵩《かさ》んでしまいます。

そんなことはおそらく百も承知なのでしょう、渋谷と同じような都市構造の新宿や池袋、神田などで開講している大手は、折込みチラシではなく、新聞の社会面に告知の広告を打っていました。それならたしかに漏れなく告知できます。しかし、新聞の社会面を使うとなると、折込みチラシとは比較にならないほど莫大な費用がかかります。

その莫大な費用をかけてでも捲土重来《けんどちょうらい》を期すべきか、それとも三十六計逃げるが勝ちとばかりに渋谷から撤退すべきか、私は一瞬、迷いました。しかし、失敗の原因がわかったとはいえ、あくまでも推測でしかありません。そんな確証のないものに大金を投じて、四度も失敗を重ねることになりでもしたら、それこそ会社の屋台骨が揺らいでしまいます。それを考えたら答えは一つ、撤退あるのみです。

私は、逃げ足の速いことにかけては自信があります。危ないと感じたら、すぐに逃げる準備を始めます。もちろん、投資した分くらいは回収したい、という思いはあります。しかし、大事なのは投資資金の回収ではなく、本体を守ることです。その本体を守るために昭和50年12月末、渋谷を引き上げて、本社を創業の地である市川に戻したのです。渋谷教室を開設してからわずか3カ月後のことです。もし、投資資金の回収にこだわって撤退が遅れていたら、それこそ深刻な事態に陥っていたかもしれません。

絶体絶命の危機

渋谷での失敗は、私にとっては手痛いものでした。しかし、経営者としての自覚を呼び覚ましてくれたという意味では、むしろ失敗してよかった、というべきかもしれません。もし渋谷でも成功していたら、私の鼻はピノキオより高くなっていたでしょう。

それに、失敗したものの撤退が速かったため、本体のダメージはさほど深刻ではありません。原点に戻ってもう一度やり直せばいいだけの話です。

私は気を取り直して、再び立ち上がろうとしました。その矢先のことです、思わぬ事態に顔面蒼白になってしまったのは。何と、それまで都内で事業を展開していた、業界最大手のN学館ともう一つの大手が、まるでわれわれを狙い撃ちするかのごとく、松戸、浦和、藤沢といった周辺都市に進出してきたのです。

これは当社にとって一大事。手をこまねいていれば、遠からず倒産の憂き目に遭うのは明らかです。実際、松戸や浦和などの教室では次第に生徒が減り始め、じり貧状態の入口に入ろうとしています。さて、どうしたらいいのか。それを考えるのが経営者の役割なのでしょうが、何をどうやったらこの苦境から脱却できるのか、さっぱりわかりません。考えても考えても何も思い浮かびません。もうダメかもしれない。私は半ば諦めました。なぜって、あまりにも規模が違いすぎるからです。

教室一つとっても、こっちは築何十年の古びたビルの一室。しかも、25人も入ればいっぱいになってしまうような小部屋です。対して向こうは、駅前にデーンとそびえる新築ビルのワンフロア。これで受講料金に大差がなければ、誰だって綺麗なほうを選ぶでしょう。受講案内のパンフレットも全然違います。こっちは資金がないから、必要事項だけを記したショボいものしかつくれませんが、向こうのパンフレットときたら、コート紙に5色使った豪華なもので、ものすごく見栄えがいい。当社のパンフレットと向こうのパンフレット、両方を見比べたら誰だって向こうのほうがいいと思うに決まっています。

それに何より知名度と実績が違う。N学館がテレビCMを開始したのがいつの頃だったか忘れましたが、われわれのところに進出してきた頃には全国的にその名が知られていました。対して当社は、一応「日本医療事務協会」と全国区を匂わせているものの、歴史はたかだか2、3年。まるで相手になりません。

何か、言い訳じみた話になってしまいました。しかし、これが偽らざるところで、わが社は当時、ヘビに睨まれたカエル状態に置かれていたのです。

よく、急成長を遂げた企業が、資金力にまさる大手企業によってたかって叩かれた揚句、アッという間に消えていったという話を耳にしますが、当社も、あまりにも急激に成長したため、目の敵にされたに違いありません。

そんなことをあでもない、こうでもないと考えている間にも、生徒数はどんどん減り続け、1回の授業に5、6人の生徒しか集まらなくなってきました。もはや断崖絶壁。小指一本で体を支えているようなものです。しかし、どんなに踏ん張ったところで、崖下へ転がり落ちるのは時間の問題でした。もうダメだ。覚悟を決めた私はその日のために、本業の傍ら造花のリース業という新しいビジネスを開始しました。そこまで追い詰められてしまったわけです。

この断崖絶壁の崖っぷちから、大どんでん返しの逆転劇が始まろうとは考えてもみませんでした。

私はその頃、松下幸之助さんとか本田宗一郎さんとか、ゼロから会社を立ち上げた経営者の本を読みあさっていました。事業を大きくしたい一心で、何か経営のヒントになるものはないかと、ページをめくっていたわけですが、誰かの本に「顧客の立場に立って考えるところに成功のヒントがある」というようなことが書かれてありました。顧客の立場に立って考える、つまり顧客第一主義です。いまでは常識中の常識になっていますが、当時は顧客第一主義とかＣＳとか、そんな言葉すらまだなかったと思います。あったかもしれませんが、さほど浸透しておらず、役所に行けば窓口の横柄な態度に腹を立て、郵便局へ行けばお客のほうがペコペコしなければならないような時代でした。

そんな時代の雰囲気の中で、「顧客の立場に立つところに成功のヒントあり」という台詞を目にしたものですから、けっこう印象に残ったわけです。しかし、どこか他人事で、自分の問題としてとらえてはいませんでした。何しろ、オンワード樫山を退社して医療事務の仕事を始めたときの動機が「お金のため」「自分のため」だったのですから、極端にいえば顧客のことなんか考えたことがないし、どうでもよかった。

ところが、断崖絶壁に立たされたら、もはやそんなことはいっていられません。顧客すなわち教室の生徒さんは何を望んでいるんだろう、何に困っているんだろう。私は一所懸命考えました。でも、これというのが浮かんできません。そうやって考え続けていたある日、リースの造花をクライアントのところへ届けに行く途中だったかいつだったか、いまとなっては覚えていませんが、突然、とびっきりのアイデアが浮かんできたのです。

そうだ、生徒さんたちは資格試験に落ちたときのことを一番心配しているに違いない。だったら「試験に合格するまで無料であなたを徹底サポートします」と謳えば、生徒さんも安心して勉強に専念できるんじゃないか。

前述したように、当時の受講料は2カ月で3万3000円。それだけのお金を前払いして受講し、2カ月後に資格試験を受けるわけです。その結果、全員が合格すれば問題ありませんが、平均4割は落ちます。その落ちたあとのフォローについては、大手もどこもやってこなかったのです。だから、試験に落ちたあとのことを生徒さんは一番心配しているのではないかと考えて、「1年間にかぎって、合格するまで無料でサポートします。1回でも2回でも3回でも、好きなだけ同じ授業を受けることができます」という方針を打ち出したわけです。

自画自賛になってしまいますが、このアイデアは実に素晴らしく、生徒さんが安心して勉強に取り組むようになりました。それともう一つ、真似しようにも大手には絶対真似できないシステムであったこと、この点においても秀逸なアイデアでありました。

当時、わが社の生徒はだいぶ減って、25人ほど入る教室に5~6人しか生徒がいませんでした。そこに試験に落ちた生徒が加わっても何ら問題はありません。ところが大手の場合は、いつも教室が満杯ですから、落ちた人を受け入れるキャパシティがなく、真似しようにも真似できないわけです。

このアイデアを実施に移してから徐々に生徒が戻り始め、しばらくすると元の状態にまで回復しました。かくして当社は、創業以来最大の危機をかろうじて乗り切ることができたわけですけれど、この体験を通して、私の経営や教育に対する考え方、さらにいえば人間観や人生観もずいぶんと変わったような気がします。自ら主体的に変えていったといえば格好がいいかもしれません。しかし、実のところをいえば、生徒さんたちに変えられたのです。

あるときの資格試験で、運悪く合格できなかった生徒さんが3人いました。その3人に私はこういいました。

「皆さん、残念でした。でも、パンフレットにも書いてあるように、何回でも授業を受けられますから、これからも授業に出てください。合格するまで一緒に頑張りましょう」

こういえば必ず授業に出てくるだろうと思ったのですが、その後の授業に3人は一度も姿を現しませんでした。

そして2カ月後の資格試験の日、会場に行くと3人が来ているではありませんか。

「君たち、またチャレンジするんだね。でも、授業に一度も来なかったよね。どうして来なかったの?」

と尋ねると、彼女たち、何といったと思います?

「あんなに先生が一所懸命教えてくださったのに、私たち3人、試験に落ちちゃって……。申し訳ないなあと思うと合わす顔がなくなって、それで授業に出られませんでした。その分、自宅で一所懸命勉強していました。そして、今度こそ合格しよう、先生に喜んでもらおうと思って今日、試験を受けに来たのです」

といったのです。自分では一貫して変わらぬ姿勢で授業に臨んできたつもりでした。しかし、3人の授業を担当していた頃は、顧客第一主義ということをかなり強く意識していましたから、気づかないうちに波長が違っていたのかもしれません。

それにしても、嬉しいことをいってくれるではありませんか。これこそ教師冥利に尽きるというものです。ああ、人間って、こちらが誠意で向かえばそれに応えようと一所懸命やってくれるんだな、人間って素晴らしいなと、つくづく思い知らされました。

繰り返しになりますが、「お金」と「自分のこと」を中心に考えてきた私は、人は金で動くもの動かすものと、ずっと思ってきました。ところが、そうではない、人を本当に動かすものは真心であり誠意であるということを、生徒さんを通して学んだときは、深い感動を覚えたものです。

経営者としては辛く、厳しい時期ではありました。けれど、あとになって振り返ると、このときの経営危機があったからこそ、今日の三幸学園、三幸グループがあるのだということがよくわかります。

東京都文京区本郷の三幸学園本部校舎

第4章　学生に背中を押されて発展する三幸学園と三幸グループ

リスク回避狙いで始めた歯科助手養成教室

絶体絶命の危機を乗り越えてから2年ほどたった昭和55年、私は歯科助手を養成する教室、名付けて「日本歯科助手専門学院」を開設しました。名前はものすごく立派ですが、東京・文京区の富坂交差点に面した、鉛筆のように細長い9階建てビルの最上階を借りただけの、ちっぽけな教室です。それでも出足はすこぶる快調で、募集をかけるとアッという間に定員の100人が埋まるほどでした。

その後の展開を語る前に、なぜ歯科助手養成教室を開設したのか、その理由について述べておきますと、私は大手医療事務専門学校の攻勢を受けて以来、医療事務の教室だけでは経営が安定しない、扱う商品が1つしかないといつまた倒産の危機に瀕《ひん》するかわからない、そのリスクを避けるためには医療事務とは別の、何か新しい教室を開くほかないと、考えるようになっていました。そして、あれこれ思案を巡らせていたのですが、これだ！というのがなかなか思い浮かばず、悶々とした日々を過ごしていました。そんなある日のこと、歯医者さんへ行くと、とびきり綺麗な女性が受付に座っています。その女性の顔を見た瞬間、一つのアイデアがパッと浮かんできました。

そういえば、歯医者さんの受付には綺麗な人が多い。綺麗な人が多い職種は、キャビンアテンダントなんか代表的なものだけれど、だいたい女性に人気の高い職種と決まっている。だったら、歯科助手の教室を開設すれば生徒が集まるのではないか……そういう思いが浮かんできて、教室の開設を急いだのです。

私の読みはズバリ的中しました。週2回の講義で3カ月で終了ですから、年4回募集するわけですけれど、初回も2回目も定員を十二分に満たしたのです。順調な滑り出しに、ほっと胸をなで下ろしました。「生徒が集まるかどうか、それだけが心配だったけど、これで一安心」と思ったのも束の間、思わぬ事態に直面し、私は顔面蒼白になってしまいました。先行の学校から横槍が入ったのです。

その頃、都内でけっこう手広く歯科助手養成の教室を開いていたPという学校が、求人広告審査機構だったか新聞広告審査機構だったか、正確な名称は忘れましたが、求人広告の内容を審査する団体に「あそこはおかしい。設備が不十分なのに教室を開いている。審査して、求人広告を差し止めるよう処分してほしい」と訴え出たのです。

それを受けて、審査機構の担当者が調査に来ました。しかし、指摘された設備の不備は瑣末《さまつ》な問題に過ぎません。また、審査にやってきた担当者も歯科助手教育に関してまったくの素人で、何がどう問題なのか、わかろうはずがありません。ところが、P歯科助手学校から相当吹き込まれたのでしょう、その担当者はあろうことか、こう宣告したのです。

「うん、これではたしかに歯科助手の教育はできない。新聞広告は差し止めます」

私どもはその頃、生徒募集の手段を折込みチラシから新聞広告に切り換え、併せて、リクルートの求人誌『とらばーゆ』にも募集広告を掲載していました。つまり、2つの媒体を使って生徒を募集していたわけです。その2つのうち1つが差し止められれば命取りになりかねません。私はきっと、かなり取り乱していたのでしょう、事の顛末《てんまつ》を馬鹿正直にリクルートの担当者に報告してしまったのです。すると、その担当者はあわてて踵《きびす》を返して会社へ戻っていきました。そして、上司に相談したところ、「そりゃ、いかんだろう」ということになったらしく、「実は、わが社もその審査機構に所属している関係で、『とらばーゆ』の掲載もお断りしなければならなくなってしまいました」と、報告してきました。

これにて万事休す。あとは座して死を待つのみです。

前にも述べたように、教育事業の生死を分けるのは生徒の募集です。その生徒の募集に不可欠な媒体から締め出されたら、生き延びる道はありません。折込みチラシという手もないわけではありませんが、教室があるのは都内の文京区です。都内における折込みチラシの難しさは、渋谷での失敗で骨の髄まで染み込んでいます。折込みチラシに再チャレンジする勇気はもはや、残されていませんでした。

思えばこれは三度目の危機です。世間ではよく「三度目の正直」ということをいうけれど、それって本当なんだなあ……そう思いかけたとき、苦肉の策が浮かんできました。そうだ、嘆願書を書き、知り合いの歯科医の先生方に署名していただき、それを審査機構に提出すれば道が開かれるかもしれない。それが功を奏するか徒労で終わるか、見当もつかない。でも、いまはそんなことを考えているときではない。ダメ元精神でぶつかるだけだ。

私はすぐさま、「歯科助手不足の折、『日本歯科助手専門学院』が消滅したら、われわれ歯科医に甚大な影響が及ぶ。差し止め処分の撤回を望む」といった内容の文書をしたため、知り合いの歯科医を訪問しました。途中からは、知り合いであるとかないとか一切関係なく、歯科医と見れば片っ端から訪問しては署名をお願いし、そうやって集めた署名約200人分を審査機構に提出しました。

すると、拍子抜けするくらい実にあっさりと差し止め処分を撤回してくれたのですから、驚きです。あとで聞いたところによれば、一度差し止め処分を受けて復活したケースは、それまでほとんどなかったそうです。ということは、大方が差し止め処分を受けた段階で諦めてしまい、私のようにしつこく食らいつく人は稀であった、ということなのかもしれません。やはり、たとえ1パーセントであっても可能性が残されているのであれば、決して諦めることなく、最後の最後まで粘り抜くべきです。

ともあれ、差し止め処分の撤回を勝ち得たことで、わが社は三度、倒産の危機を乗り越えることができたのでありました。

初めて手がけた1年課程の歯科助手講座

差し止め処分が解除されたことで生徒数が元に戻った頃、リクルートの担当者と話をしていると突然、彼がこんな話を切り出してきました。

「鳥居さん、3カ月で終わる教室ではなく、1年課程の専門学校をつくってみてはいかがですか」

私はそれまで、市川、松戸、柏、浦和、藤沢、平塚などを拠点に医療事務の教室を展開し、昭和55年には歯科助手の教室を東京・文京区に開設しました。しかし、いずれも2カ月ないしは3カ月の履修コースで、1年課程というのは手がけたことがありません。まして、設立するためには都道府県知事の認可が必要な専門学校となると、資金面その他のハードルが非常に高く、とても自分の手には負えないのではないか。やりたい気持ちはあったものの、いつもそんなふうに考えていました。

「簡単にいうけれど、そんなのできるわけないじゃないですか」

「いや、できますよ。専門学校として認可を受けるかどうかは先々考えるとして、1年課程の増設なら簡単にできます。歯科助手に必要な専門知識を教える講座のほかに、医療事務、医療秘書実務、社会人としてのマナー、一般教養などを教える講座を設ければいいだけの話ですから、簡単ですよ」

「いや、私が心配しているのはお金、つまり募集広告の費用です。社会人ではなく、高校の新卒を集めるとなると、リクルートさんが発行している『進学ブック』に掲載しなければならないじゃないですか。その掲載料のことを心配しているのです」

「あっ、それなら心配無用です。『進学ブック』の発行は4月ですけれど、掲載料をお支払いいただくのは翌年の3月末でいいことになっているんです。前金でお支払いくださいいなんていいませんから、安心してください」

リクルートはその頃から、大学や専門学校の情報を満載した『進学ブック』という進学情報誌を制作し、全国の新高校3年生に無料で配っていました。なぜ無料で配れるかといえば、各大学、専門学校から掲載料を徴収していたからですが、その掲載料が非常に高く、私どもの財力ではとても支払えそうもなかったのです。いくらだったかはっきり覚えていませんが、1000万円近くはかかったのではないかと思います。ところが、掲載料の支払いは1年後、つまり授業料その他の収入が入ってきてからでいいとおっしゃるのです。だったら、われわれにもできるのではないか。よし、チャレンジしてみよう、ということで準備にとりかかり、昭和57年には早くも日本歯科助手専門学院内に1年課程のコースをスタートさせたのでした。

無認可校から認可校へ

1年課程の歯科助手コースをスタートさせたといっても、これはあくまで無認可校です。

しかし、認可校であろうと無認可校であろうと当時は大差がなく、無認可のままやっていったとしても別段、問題はありませんでした。私はしかし、一刻も早く認可校にしなければ、という焦りに似た気持ちにとらわれていました。

18歳人口が右肩上がりで伸びていたその頃、新しい無認可校が雨後の筍のように誕生していました。大方は私どもと同じように株式会社が経営母体になっていましたが、杜撰《ずさん》な経営者も多く、授業料を集めるだけ集めて学校を閉鎖し、夜逃げを企むような悪質な経営者が現れないともかぎらない。もし、そのようなことが実際に起きたら、『進学ブック』の発行元であるリクルートはどのような対応をするだろうか。おそらく、「無認可校の学校案内は今後一切、掲載しない」という方針を打ち出すに違いない。そうなったら、無認可校はたちどころに進退窮《きわ》まってしまうだろう。むろん、私の学校も例外ではない……私はそう読んだのです。そして、その読みは的中しました。

昭和62年、青山レコーディングスクールという、けっこう有名な無認可校の経営者が授業料を持ち逃げするという事件が発生し、これを契機にリクルートが無認可校の掲載を取りやめたのです。そのため、かなりの無認可校がマーケットからの退場を余儀なくされました。しかし、私のところはかろうじてセーフ。青山レコーディングスクール事件が起きる3年前の昭和59年に、東京都知事認可の専門学校に日本歯科助手専門学院は生まれ変わっていたからです。

都の認可を受けるには、自己所有の土地・建物がなければなりません。これが私どもにとって一番のハードルでしたが、58年頃に文京区の西片というところに土地と建物を取得したことで、このハードルをクリアしました。

認可を受けるにはまた、都の審査をクリアしなければなりません。これに関しては近年、非常に厳しくなっています。認可申請が急増しているから止むを得ないことかもしれませんが、土地・建物を自己所有しているからといって、必ずしも認可されるとはかぎりません。それに対して当時はどうだったかといえば、かなり緩やかでした。というのも、18歳人口が増え続けていたからで、高校は卒業したけれど大学にも行けない、専門学校にも行けないという子の存在がちょっとした社会問題になっていました。それを少しでも改善するために専門学校を増やしたいという思惑が働いていたのでしょう、日本歯科助手専門学院が認可を申請した際も、すんなりと受理してくれましたし、一発で認可してくれました。

こうした時代の追い風を受けて日本歯科助手専門学校に生まれ変わったわけですが、私どもはここを先途《せんど》と怒濤の進撃を開始しました。それを時系列で示すと、概ね次のようになります。

昭和59年3月　「日本歯科助手専門学校」、東京都知事認可の専門学校となる

4月　学校法人設立準備委員会設立

60年3月　学校法人「三幸学園」設立

4月　「日本歯科助手専門学校」が学校法人立の専修学校になる

61年4月　「東京医療秘書専門学校」（現東京医療秘書福祉専門学校）開校

「大阪医療秘書歯科助手専門学校」（現大阪医療秘書福祉専門学校・大阪歯科助手専門学校）開校

62年4月　「仙台医療秘書歯科助手専門学校」（現仙台医療秘書福祉専門学校）開校

「名古屋医療秘書歯科助手専門学校」（現名古屋医療秘書福祉専門学校）開校

63年4月　「札幌医療秘書歯科助手専門学校」（現札幌医療秘書福祉専門学校）開校

「福岡医療秘書歯科助手専門学校」（現福岡医療秘書福祉専門学校）開校

平成元年4月　大阪校に厚生労働省指定の介護福祉専門課程を設立し、介護福祉士の養成を開始する。以後、介護福祉士の養成を全国的に展開

2年4月　「横浜医療秘書歯科助手専門学校」開校

学校法人「三幸学園」の誕生

日本歯科助手専門学校が東京都から認可を受けたのが昭和59年3月。それからちょうど1年後の60年3月に、現在の三幸学園グループのすべての基となる、学校法人「三幸学園」が設立されました。

繰り返しになりますが、昭和49年6月に医療事務の教室を開いたときの動機は、「金儲けのため」「自分のため」でした。私はそれ以後、「お金のため」に必死に働き、「自分のため」に夢中になって事業を拡大してきました。一方、そのプロセスで、人は必ずしもお金のためだけに働いているわけではないし、人生にはお金では替えられない、お金より大切な何かがあるんだ、ということも少しずつではありますが、学ぶようにもなっていました。

それを教えてくれたのは、教室の先生方であり、生徒さんたちでした。

私は経営者ですから、絶えず売上げを気にしていて、前年比120パーセントを達成したといっては喜び、生徒が100人増えたといっては歓声を上げていました。ところが、教室の先生方は違うのです。こんな喜ばしい話なんだから、さぞや喜んでくれるだろうと思って報告しても、ほとんど反応を示さない。むしろ「えっ、売上げが上がった？　えっ、利益が出た？　えっ、会社が大きくなった？　それがどうしたの？」という態度なのです。

この人たちはなぜ反応しないのだろう。なぜ喜ばないのだろう。とても不思議でしたけれど、観察を続けていくうちにわかりました。先生方の最大の関心は生徒たちだったのです。売上げが上がった、利益が出たという話には反応しなくても、生徒たちのために副教材をつくりましょうとか、よりわかりやすい講義をするための勉強会を開きましょう、といった話なら敏感に反応するのです。そういう先生方の姿を見て、経営者サイドと最前線で働く人たちとの感覚の差、意識の差をものすごく感じると同時に、先生方の立場に下りていって、一緒になって問題を解決するという姿勢もすごく大事である、ということを学びました。

学びはしたけれど、具体的に何をどうしたらよいのか、というところまではわかりませんでした。それには教育理念が必要なんだと気づいたのは、もっとあとのことでした。ただし、昭和60年に学校法人「三幸学園」を設立した頃には、教育理念に関する考え方はある程度、固まりつつあったのではないかと思います。

私は、学校法人「三幸学園」を設立するにあたって、われわれが目指すべき教育の原点として「技能と心の調和」ということを打ち出しました。三幸学園は職業教育の専門学校ですから、深い専門知識と高い技能を身につけた、即戦力となり得る人材を送り出せば、一応、社会的使命を果たしたことになります。しかし、それだけでは足りない。やはり、高い専門性を身につけると同時に、豊かな心を育まなければならないだろう、ということで「技能と心の調和」を打ち出したのです。

それとは別に、学園の名称を決める際にも、われわれの目指すべき教育の方向性を集約しようと考えました。その結果、三幸学園に決定したわけですが、三幸学園の三幸とは3つの幸せを表します。すなわち、生徒の幸せ、社会の幸せ、学園の幸せ、この3つの幸せを願って三幸学園と名付けたのです。

高い専門性を身につけたいと願う生徒さんや親御さんたちが、三幸学園グループの学校を選んでよかったと思えるような教育・指導を実践すること、これが生徒の幸せです。

卒業生たちを受け入れてくれる社会が真の意味で発展していくために、企業として積極的に社会貢献していくこと、これが社会の幸せです。

そして3番目。三幸学園を支えていく一人ひとりにとって、職場の環境が常に充実したものであり続けること、これが学園の幸せです。

この3つの幸せを常に追い求め、自分の夢の実現のために心血を注ぎ続ける人たちと共に成長していくことこそ、三幸学園グループの使命であると考えたのです。

固まってきた教育理念

私は、三幸学園を設立するとともに、一応、教育理念を打ち出しました。しかしそれは、大きな方向性を指し示したものに過ぎず、具体的な内容となるとまだまだ煮詰まっていなかった、というのが正直なところです。教育理念が真の意味での教育理念として確立されるようになるのは、昭和61年に東京医療秘書専門学校を設立してからのことでした。

医療秘書専門学校を立ち上げるにあたって私は、秘書実務や医療事務、さらには医学全般の基礎知識を身につけた、即戦力として通用する人材を送り出せば、受け入れ先に喜んでもらえるだろう、と考えていました。ところが、病院側が求める人材はそうではなかったのです。

ある病院の院長先生がおっしゃいました。

「鳥居君、医療事務の知識だとか秘書実務だとか、そんなものはどうでもいいことなんだよ。われわれはプロなんだから、2、3カ月もあれば教えることができるし、よほどのバカでないかぎり、すぐに覚えるよ」

「えぇーっ、じゃあ、私たちがやっていることは何なんですか」

「いや、あなた方のやっている仕事を否定するつもりはない。つもりはないけれど、それよりやってほしいことがあるんだよ」

「何ですか、そのやってほしいというのは？」

「挨拶だよ、挨拶。この頃の若い子は、挨拶一つできないのが多くて困っているんだ。お宅の卒業生もそうだよ。挨拶のできない子が多い。せめて、朝は『おはようございます』、帰宅するときには『お先に失礼します』の一言ぐらいいってほしい。でも、それすらいえない。秘書実務とか医療事務とか、ほかのことには片目をつむるから、挨拶のできる子を育ててほしい、挨拶のできる子を」

この院長先生の一言は大変なショックでしたし、専門知識を教えることこそわれわれのウリだと信じてきたのに、「そんなもの、どうでもいい」といわれてしまっては、立つ瀬がありません。しかし、クライアントからの要望ですから無視するわけにもいかず、「挨拶をする生徒を育てる」「人の痛みがわかる心を育てる」「積極的な人間を育てる」といったテーマに向けた、新たな取り組みを始めることにしました。1章で挨拶を定着させた経緯について語りましたが、その取り組みはこのとき始まったのです。

ところが、新たな取り組みを開始したものの、これが実に難しい。知識や技術を教えるのは簡単です。テストテストでぎゅーぎゅー絞っていけばいいだけの話ですから、それほど苦労はありません。しかし、「挨拶をする」「人の痛みがわかる」「積極的な人間になる」というのは、個人個人の心構えや生き方に関わる問題です。そこに立ち入って指導するとなると、筆舌に尽くし難いほど難しく、いま現在、どれほど達成できたのか、正直いってわかりません。挨拶は専門学校で約7割、大学で5割ほどの生徒が実行していますが、「人の痛みがわかる」ようになった生徒がどれくらいいるのか、「積極的な人間」になった生徒がどれくらいいるのか、データの取りようもありません。地道に粘り強く、結果を焦らず背中で教えていくほかないと考えております。

事業着手のための3つの条件

125ページでは、昭和59年に日本歯科助手専門学校が認可校になったところから、平成2年の横浜医療秘書歯科助手専門学校開校までの流れを示しましたが、その後の事業展開はどうであったかというと、大略、次のようになります。

平成4年4月　「大阪リゾート&スポーツ専門学校」開校
　　7年4月　「仙台リゾート&スポーツ専門学校」開校
　　　　　　「福岡リゾート&スポーツ専門学校」開校
　　9年4月　「名古屋リゾート&スポーツ専門学校」開校
　　10年4月　「東京リゾート&スポーツ専門学校」開校
　　12年4月　「東京ビューティーアート専門学校」開校
　　　　　　「福岡ビューティーアート専門学校」開校
　　　　　　美容師ビューティーアーティストの養成開始
　　14年4月　「札幌ビューティーアート専門学校」開校

15年4月　「名古屋ビューティーアート専門学校」開校
「仙台ビューティーアート専門学校」開校
「大阪ビューティーアート専門学校」開校
16年4月　「横浜リゾート&スポーツ専門学校」開校
「横浜ビューティーアート専門学校」開校
17年4月　「札幌リゾート&スポーツ専門学校」開校
18年4月　「東京こども専門学校」開校
19年4月　「札幌こども専門学校」開校
「横浜こども専門学校」開校
「大阪こども専門学校」開校
「東京未来大学こども心理学部」開学
20年4月　認証保育所「ぽけっとランド［おかちまち］」開設
「東京医療秘書福祉専門学校　千葉校」開校
21年4月　「東京リゾート&スポーツ専門学校　千葉校」開校
「東京ビューティーアート専門学校　千葉校」開校

「札幌ブライダル専門学校」開校
「飛鳥未来高等学校」開校
22年4月　「東京スイーツ&カフェ専門学校」開校
「広島医療秘書こども専門学校」開校
「広島リゾート&スポーツ専門学校」開校
「広島ビューティーアート専門学校」開校
23年4月　「大宮医療秘書福祉専門学校」開校
「大宮ビューティーアート専門学校」開校
「大宮スイーツ&カフェ専門学校」開校

こうして見ると、手当たり次第に新規事業に手を染めているような印象を持たれるのではないかと思いますが、実はそうではありません。新規の事業を始めるときには、3つの原則を踏まえることにしているのです。

まず第一は、「世のため人のためになるか」。この事業は社会に役立つのか、人のためになるのか。そうでないと判断したら、どんなに魅力的な事業であっても手を出しません。

第二は、「採算は取れるか、利益がしっかり出るか」。ボランティア活動なら話は別ですが、あくまで事業なのですから、世のため人のためになることであったとしても、利益の出ないことにはタッチしません。

では、世のため人のためになって、なおかつ利益の出るものなら何でもやるかといえば、そうではありません。ワクワク感のないことはやらないことにしています。面白そうだな、愉しそうだな、これをやったらあんなことも考えられるな、こんなことも考えられるな、というワクワク感のあるものなら喜んでやりますが、そうでなければやりません。

「世のため人のためになるか」「利益を上げられるか」「ワクワクするか」、以上の3つが新規事業を決断する際の原則であって、私自身としては、とても大切にしているつもりです。

予防医学の見地から始めた「リゾート＆スポーツ専門学校」

さて、先に挙げたすべてを解説するのは紙数の関係で困難なので、いくつかピックアップして説明することにしましょう。

まず「リゾート&スポーツ専門学校」ですが、これはフィットネスのインストラクターを養成する学校です。

医療事務から始めて歯科助手、医療秘書と、ずっと医療分野に携わってきた私はかねがね考えていました。医療を充実させるのはもちろん大切だけれど、若いうちから病気にかからない健康な体をつくるほうがより重要ではないか、と。そのためには、体の鍛え方を正しく指導するインストラクターが必要であろう、ということでつくったのが「リゾート&スポーツ専門学校」なのです。

次に「ビューティーアート専門学校」。これは、「リゾート&スポーツ専門学校」から派生的に誕生した学校です。「リゾート&スポーツ専門学校」が、いわば予防医学的見地から設立されたものであるのは述べたとおりです。ところが、いざ開校してみると、スポーツジムやフィットネスクラブに通う女性の大半が健康のためではなく、美容のためであることがわかりました。もっと痩せたい、もっと美しいスタイルになりたい、という動機で通い始める人が大半だったのです。だったら、そういう女性たちのためにメークアップアーティストを養成する学校をつくったらどうだろう、ということで誕生したのが「ビューティーアート専門学校」なのです。

ところで、「ビューティーアート専門学校」にせよ「リゾート&スポーツ専門学校」にせよ、新規に学校を出すときには先生を募集しなければなりませんが、その際には「知識と技術はあるけれど、先生の経験はない」人に限定して採用することにしています。先生の経験があると、東京未来大学のケースを想起されればわかるように、三幸学園の教育理念や指導方針を受け入れてもらえないことが多々あるからです。

ちなみに、「リゾート&スポーツ専門学校」を出した頃には、1章で紹介した「生徒指導十訓」に近いものは、すでにでき上がっていました。

介護福祉士を目指す学生

平成元年4月、私ども三幸学園グループは、「大阪医療秘書歯科助手専門学校」内に厚生労働省指定の介護福祉専門課程を設立し、介護福祉士の養成を開始しました。

この事業が世のため人のためになるのは明白です。しかし、ワクワク感があるかといえば、私自身、ほとんどありませんでした。というのも、どうもお年寄りが苦手でならなかったからです。こんなことをいったらお叱りを受けるかもしれませんが、そもそも私には、介護福祉士になって３Ｋ（汚い・きつい・給料安い）の職場で働きたいという人の気持ちが理解できませんでした。

にもかかわらず介護福祉士の養成事業を始めたのは、是非ともやりたいという職員が多かったからですが、入学してくる生徒たちを見て、驚きました。どの子もどの子も心根の優しい生徒ばかりなのです。それまで私は、ほかに仕事がないから仕方なく介護の仕事をやっている人が多いんだろう、と考えていました。しかしそれは、外野の目線であって、本人たちは介護の仕事が本当に好きらしいのです。

「どうして介護福祉士になろうと思ったの？」

と尋ねると、

「私、おばあちゃんっ子で、おばあちゃんに可愛がってもらったんです。でも、恩返しをする前におばあちゃんは亡くなってしまいました。だから、おばあちゃんの分までお年寄りに恩返しをしようと思って、介護福祉士になることにしました」

といった答えが返ってくるばかりで、仕方なしに選んだらしい子は一人も見当たりません。だったら、生徒たちのために精いっぱい力になってやろうと思った矢先、大きな問題が持ち上がりました。生徒の実習を受け入れてくれる施設がないのです。実習を受け入れてくれたら、生徒一人当たり1日3000円なり4000円なりの実習費を支払うことになっているのですが、それでも受け入れようとしないのです。それもそのはず、老人施設の運営は税金で賄われていたからです。介護保険制度がスタートしてから様相が一変しましたが、税金で賄われていた時代は、年間予算はきっちり使い切らなければ次年度の予算を削られる恐れがあったため、余計な収入はかえって迷惑だったのです。

実習を受け入れようとしない理由は、ほかにもありました。外部の人間に施設内を覗かれるのを非常に嫌ったのです。いまはずいぶん変わったと思います。しかし当時は、何か問題を起こしたら訴えられるのではないかと身構える施設が多く、内部を覗くのは容易ではありませんでした。家族にさえ見せようとしない施設もあったくらいです。そういう施設にかぎって、入居者は男女を問わず、頭を刈り上げられていました。そのほうが洗髪が簡単で楽だから。要するに、作業効率を上げるために刈り上げているわけです。心がなく、なぜ介護施設を運営するのかという理念がないと、お世話が文字どおり作業になってしまいます。そうなったらお年寄りはもはや人間ではなく、単なる物です。

そのような劣悪な施設で働いている介護士さんも、最初は純粋だったに違いありません。

ウチの生徒たちのように、優しい心の持ち主であったはずです。それが、いつの間にか物を扱う作業員になってしまうのですから、実に恐ろしいかぎりです。

それはともかく、受け入れ先が見つからないのにはホトホト困り果ててしまいました。何とか打開策を講じなければと、いろいろ考えましたが、なかなかいい知恵が浮かんできません。そのうち誰がいい出したか、「じゃあ、自分たちで介護施設をつくっちゃえば」という声が上がり、本当につくってしまったのです。それが、特別養護老人ホーム「癒しの里」（東京都葛飾区青戸）です。

「癒しの里」を開所するにあたって私は、「いいところも悪いところも、すべてオープンにする」という方針を打ち出しました。いつ誰が訪ねてきてもOK、何か問題が起きたら即、監督官庁である葛飾区に報告する、ということをスタッフ全員で確認し合ったのです。きっと、そのためでしょう、平成14年の開所以来、苦情は一件もありません。「普通、新規オープンすると必ず苦情が寄せられるものなんですけれど、不思議ですね」と、区の担当者も首をひねるほど苦情がないのです。

実は、ケガもするし青アザはつくるし、深爪をして血は流れるし、というようなことはしょっちゅうあったのです。学校を出たての慣れない子がお世話するものだから、擦り傷、切り傷は絶えません。それでも苦情が区のほうに一件も寄せられないのは、お世話にあたる若い子たちの姿を日頃から見ているからではないかと思います。水虫に冒された汚い足を、お湯に浸して丹念に洗ってあげたり、ボロボロこぼしてご飯を食べるのを辛抱強く介助したり、嫌な顔一つせずに下の世話をしたりしている姿を見れば、誰だって感動するし、「1回や2回、転んで青アザをつくったくらいでは、文句なんかいえないね」という気分になるはずです。

もちろん、ケガや事故はたとえ小さなものであっても、極力、避けなければなりません。そのためにも、若い介護福祉士の皆さんには腕を磨いてもらわなければ困りますが、それよりもっと大事なのは、理念を打ち立て、お世話にあたっている介護福祉士に伝えることです。自分たちが施設で働いているのは入居しているお年寄りのためであり、お年寄りがいるからこそ自分たちの職が確保されているんだ、ということをきちんと教えなければいけません。

それともう一つ、入居しているお年寄りはもちろん、ご家族からも「ありがとう」といってもらえる環境をつくること。これも責任者の大切な務めではないかと思います。

この2つを責任者が励行すれば、現場の介護福祉士たちはますますやる気になるはずですし、黙っていても腕を磨くようになります。

どんなに好きだといっても、介護福祉という仕事は肉体的負担の非常に大きい仕事です。それだけに、ちょっとしたことで好きから嫌いに変わることも考えられなくはありません。そんなことにならないためにも責任者は、常にモチベーションを高い水準で維持できるよう、細心の注意を払わねばなりません。これは他人事ではありません。「癒しの里」の理事長たる私自身に課せられた大きなテーマです。

実践の場を広げる

これまで概観してきたように、私どもは学校法人三幸学園という学校事業を中核にした事業展開を図ってきました。が、今日ではその事業領域も広範囲に及び、学校事業のほか生涯教育事業、人材派遣&人材紹介事業、福祉・保育施設事業、ダイビング事業、美容事業などを手がけるまでになってきました。

生涯教育事業とは主に社会人を対象とした教育事業で、株式会社日本教育クリエイトというところが運営母体となっています。三幸グループ創業の原点である医療事務教室もこれに含まれます。

人材派遣&人材紹介事業は、生涯教育事業と同様、日本教育クリエイトが運営母体として取り組んでいます。

3番目の福祉・保育施設事業は、社会福祉法人三幸福祉会が手がけているもので、前項で述べた特別養護老人ホーム「癒しの里」もその一つです。三幸福祉会はそのほか、認可保育園「こころの保育園」も運営しております。三幸学園が運営する認証保育園「ぽけっとランド」も含め、これらはみな、三幸学園で学ぶ生徒のための実習の場として開設されたものです。

4番目のダイビング事業も、リゾート&スポーツ系の専門学校の実習のためにスタートした事業で、株式会社マレア・クリエイトが運営母体として事業に取り組んでいます。マレア・クリエイトは、沖縄の宮古島に「マリンロッジ・マレア」というリゾート施設を所有し、首都圏や中国に展開するダイビングスクールおよび店舗の運営にあたっています。

最後の美容事業も、ビューティーアート系の専門学校で学ぶ生徒を応援するための事業で、推進母体である株式会社クリエーヌ化粧品が開発した化粧品は教材として使用されているだけでなく、現在では一般市場向けとしても販売されています。

三幸グループではこれまで、生徒の学習に役立つ事業を次々と立ち上げてきました。今後も、世のため人のためになり、ワクワク感のあることなら、業容の広がることをいとわずチャレンジし、企業としての発展を図っていこうと考えております。

第5章　企業活性化の秘訣

三幸グループに共通する理念

三幸グループはいま、学校事業とその派生ビジネスを合わせた事業体として、新たな目標に向かって邁進しています。そこに共通する理念は、

ミッション……世の中の困難を希望に変える

ビジョン………日本を、そして世界を明るく元気にする

経営理念………顧客の幸せ、社会の幸せ、グループの幸せを実現する

であり、これに加えて、次の3つの満足を経営目標として掲げております。

・メンバー満足

メンバーには、社会に貢献し、顧客に感謝されることの感動を知ることで、仕事に対するやりがいと誇り、企業と自分自身への誇りを持ってほしい。

・顧客満足

よりよい商品、よりよいサービスを提供し、誠意と情熱をもって接遇することで最大限の顧客満足を提供する。

・取引先満足

取引先は、企業理念を実現するうえでの大切なパートナー。誠意をもって接することによって三幸グループのファンになってもらう。

これらの経営理念、経営目標を達成するのは簡単なことではありません。しかし、絶えず念頭に置きながら事業に邁進していけば必ずや達成され、三幸グループが「日本を、そして世界を明るく元気にする」グッドカンパニーになる日もそう遠くはないでしょう。

そこからさらに、三幸グループで働くメンバーや顧客、取引先までも感動させ、ワクワクさせる仕組みをつくり続けていけば、メンバーの誰もが働くことに誇りを持ち、働きながら日々成長を続ける自分自身を実感できるようになるはずです。そういうふうなグレートカンパニーにまで成長したらどんなに素晴らしいでしょう。

創業の頃は日々の仕事に追われるばかりで、経営理念や経営目標などといったことを考える余裕はありませんでした。三幸グループは、そんな状況から少しずつ進歩・成長を遂げてきたわけですが、振り返れば私の経営者としての40年は、いかにしたら会社を活性化できるか、社員のモチベーションを高めることができるか、ということをひたすら考え続けた40年であったといっても過言ではありません。そして、それがある程度奏功したからこそ、今日の三幸グループがあるのではないかと思っています。

そこでこの章では「企業活性化の秘訣」というテーマで、私自身の体験をベースにしながら少し語ってみたいと思います。

松下幸之助から学んだ経営の要諦

3章で述べたように、私が最初に医療事務教室を市川駅前に開設したのは昭和49年の6月のことです。それから1年半ばかりの間に松戸、柏、水戸、浦和、藤沢、平塚に次々と教室を開設し、50年10月には渋谷教室を開設すると同時に株式会社化を果たしたのですから、傍目には桁違いの成功、信じられないくらいの急成長と映ったことでしょう。

しかし、事業の安定度という観点から見れば、私の手がけた事業は実に危なっかしく、いつ潰れるかもわからないような事業だったのです。

医療事務教室の業務は、これまた3章で述べたように、まず折込みチラシをまいて説明会に誘い、説明会で受講を決めた人に対して、その後2カ月間の講義を行ない、最後に資格試験を実施する、という流れになります。このうち一番重要なのは何かというと、説明会です。説明会は契約の場であるからです。その説明会当日に大雨が降ったり大雪が降ったり、あるいは交通機関がマヒしたりしたら、せっかくの準備もすべてがパー。その後の2カ月間は受講生ゼロという、そら恐ろしいことになってしまいます。そうなったら、家賃が払えなくなるばかりか、人件費も宣伝広告費も払えなくなります。

ですから、説明会が近づくと知らず知らずのうちに緊張してしまうのですが、とりわけ9月生募集のときはもうハラハラドキドキ、胃が痛くなります。この時期の応募者が一年のうちで一番多いからです。が、9月といえば台風シーズンで、説明会当日に台風の直撃を受ける可能性が極めて高く、もし直撃を受ければそのまま倒産、ということも覚悟しなければなりません。9月生募集のときはホント、最高に緊張しました。

要するに、医療事務教室というのは、お天気次第の出たとこ勝負という、とてもリスキーな仕事であるわけで、私はいつも不安でなりませんでした。

では、どうしたらこの不安を払拭できるのか。私は、会社を大きくするしかないと考えました。会社を大きくし、財務基盤を強固なものにすれば、一回や二回、説明会が流れたとしても大丈夫だろうと考えたわけです。

ところが、どうしたら会社を大きくできるのか、さっぱりわからない。皆目見当がつきません。じゃあ、本を読んで勉強するしかないだろう、ということで、この頃から私の猛烈な勉強が始まりました。学生時代は学生運動に明け暮れて、あまり勉強しませんでしたが、経営者になってからは、こんなに勉強したことないというくらい懸命に勉強しました。

たくさん本を読みました。一番読んだのは松下幸之助さんや本田宗一郎さん、稲森和夫さんの本だったと思います。いずれもゼロから事業を立ち上げ、世界的な大企業に育て上げた人ですから、さすがに得るところが多く、夢中になって読んだ記憶があります。中でも強く印象に残ったのは、松下幸之助さんの「経営には理念が必要だ」という一言です。

恥ずかしい話ですけれど、それまで私は、経営理念なんて考えたこともありませんでした。儲かればいい、潰れなきゃいい、大きくなればいい、ただそれだけしか頭になかったものですから、経営理念なんていうことにまで考えが及ばなかったのです。ところが、松下幸之助さんがおっしゃるには「どんな企業にも社会的な使命がある。社会に役立っているはずだ。だから、それを理念として掲げなければいけない」というのです。

なるほど、そういうものなのか、とは思いましたが、いまひとつよくわかりませんでした。何しろ、「自分のことだけ」「お金のことだけ」考えてきた人間ですから、「社会的使命」

とか「社会に役立つ」といわれたところでピンとこないし、よくわからない。でも、「自分だけ儲かればいい、自分だけ豊かになればいい」という経営者だったら誰もついていかないだろう、ということだけはわかりました。「俺が儲かればそれでいい」「お前たちは俺が儲けるための道具にすぎないんだよ」というような経営者の下で働きたいと思う人間なんていないるわけない。それだけはハッキリわかりました。

それともう一つ印象に残った言葉に、「会社はトップの器以上に大きくはならない」というのがありました。ブームに乗ったり景気の後押しを受けたりして、たまたま大きくなることはある。でも、トップの器が小さかったら、成長もそこまで。いや、むしろしぼんでいく。だから、会社を大きくしたかったらトップの器を大きくすることだ、というのです。会社を大きくしたいという一心で勉強を始めたわけですから、この言葉はけっこうグサリときました。

しかし、器を大きくするにはどうしたらよいのか、それがわからない。わからないけど、まあ、とりあえずは本をたくさん読むしかないだろう。ということで、私の読書はますます拍車がかかりました。

やる気のない社員たち

読書をするといっても仕事がありますから、ウィークデーは仕事に専念し、読書は日曜日に限定することに決めました。その代わり、日曜は朝から深夜まで読書に没頭し、食事とトイレのとき以外は机から離れない。そういう生活がかれこれ10年くらい続いたでしょうか。1カ月に読む本の数は5冊から6冊。1年で60冊から70冊。10年では600冊から700冊。さすがにこれだけ読めばかなりの知識が身につきます。もちろん、知識量＝器の大きさとはかぎりません。しかし、知識は仕事を進めるうえでのスキルになります。また、交際の輪を広げていくうえでも役立ちます。

そのように、読書を通して少しずつ少しずつ人間の幅を広げてきたつもりです。そして、もっともっと勉強を続け、得た知識を仕事に生かしていけば、もう少しは器を大きくすることができそうだな、という感触をつかむことができました。

問題は社員です。社員も一緒に成長してほしかったし、実際問題、そうでなければ会社はなかなか大きくなりません。

ところが、事業を立ち上げた当初の社員は、「どいつもこいつも……」といいたくなるほどでした。朝、こちらが電話で出社を促さなければ出てこない社員。1時間くらいの遅刻は当たり前で、それをたしなめてもカエルの面に何とかの社員。生徒と結婚し、新婚旅行に行ったきり出勤してこなくなった社員。授業をすっぽかしても平気な社員。そんな社員ばかりでした。

ただし、女性は皆さん優秀な人ばかりでした。3章で概略説明したとおり、当時の女性社員（といってもパートで働いてもらうケースがほとんどでしたが）は、家庭の奥さんが主で、大方は大学を出て大手企業に就職したことがある経歴の持ち主でした。それくらいですから、電話の応対から伝票の処理から、何から何まで見事なほどそつなくこなしてくれます。だから、安心して任せることができました。

ところが、男性社員は、私が見てなければサボる。見ているときは仕事しているフリをする。なぜ、真剣に仕事に立ち向かわないのだろう。真剣に取り組めば実力がつくし、もしかしたら給料を上げてもらえるかもしれないのに、なぜサボることばかり考えているのだろう。考えれば考えるほど不思議でなりませんでした。が、彼らと話してみてわかりました。要するに、仕事が嫌いなのです。仕事はなるだけ楽なほうがいい、でもお金はたくさん貰いたい。そんな男性社員がほとんどだったのです。

でも、よくよく考えたら、かつての私も似たようなものでした。縁というのか何というのか、「自分のことだけ」「お金のことだけ」考えるようなトップの下には、同じような人間が引き寄せられてくるんだなあ、と妙に納得しかけました。

だったらしょうがないのかなと、あやうく諦めかけるところでしたが、気を取り直して、どうやったら彼らに仕事が好きになってもらえるのか、いや、好きにならなくてもいいから、せめて普通に仕事をやってもらえるようになるのか、いろいろ考えてみました。しかし、妙案は浮かびません。そこで、知り合いの社長にこの問題をぶつけてみたところ、彼は、そんなのは当たり前のことだ、といいます。

「鳥居さん、あなたは社長で使う立場でしょ。対して向こうは社員で使われる立場。立場が180度違うんだから、仕事への取り組み方が違って当然。中には仕事が嫌いなやつも、そりゃいますよ」

別の人にぶつけても、同じような答えが返ってきました。

「仕事というのは辛くて苦しいものに決まっているんだから、仕事が好きだという人は滅多にいない。まあ、できることならやりたくない、というのが誰しもの本音じゃないですかね。でも、生活していかなければならないから働かざるを得ない。逆に経営者の鳥居さんの立場から考えると、辛くて苦しい仕事をやってもらっているから、その対価として給料を払っているんじゃないんですか。仕事が楽しくて愉快なものだったら、私が会社の入口に立って社員から入場料を貰いますよ」

この話を聞いて読者の皆さんはどのように思われるでしょうか。なるほど、そのとおりだと思う人もいらっしゃるでしょう。でも私は、ちょっと違うんじゃないか、仕事ってそういうものじゃないんじゃないか、そんなふうに思われてなりません。

仕事を任される喜び

私も2年間だけですが、サラリーマンをやっていましたから、人に使われる立場の心理はわかっているつもりです。しかし、その2年の間、仕事が嫌だと思ったことは一度もありません。むろん、辛いこと、苦しいことは多々ありました。けれど、仕事が嫌いで嫌々出社したことは一度もありません。むしろやり甲斐を感じていました。

それくらいですから、前向きに仕事に取り組み、けっこうな実績も上げました。実は、オンワード樫山に入社し、2年目にして伊勢丹新宿本店の担当を任され、売上げ目標1億円のところを2億円売り上げたのです。新人というに等しい入社2年目の若造が、なぜ目標の2倍も達成することができたのか、もちろんそれには理由があります。

伊勢丹新宿本店の担当を拝命したとき、私は上司に呼び出されて、次のように命じられました。

「今日から君はオンワード樫山の社員ではない、鳥居商店の社長だ。そう思って体を動かせ。知恵を絞れ。わかったな。どうやったら売れるかとか、どうやったら人をうまく動かせるかとか、そんなことをいちいち上司に相談するんじゃないぞ。社長なんだから自分で考えろ」

要するに、すべてを任せるといってくれたのです。そこまで信頼してもらってやる気に燃えなかったら男がすたるというものです。その日から私は夢中になって働きました。

私の担当は婦人服でした。オンワード樫山が開発したスカート、ワンピース、ジャケットといった商品を伊勢丹新宿本店の婦人服売り場に卸すのが私の役割だったのです。

具体的にどんなことをやっていたかというと、たとえば夏物でしたら、皆さんもご存じのように4月頃には売り場に並べられますが、オンワードの社内ではその前に、伊勢丹担当、三越担当、高島屋担当などへ、それぞれの売上げ目標に応じてスカートやワンピースが配分されます。それを私たち営業マンが担当の売り場へ持っていって納品する。納品したら定期的に売り場に顔を出して、「こんにちは。どうですか、売れてますか」と売れ行き状況を確認し、注文があったら注文を受ける。「鳥居君、君のところのワンピース、そろそろ品切れになりそうだから、10着ほど入れておいてよ」「はい、わかりました」といって会社に戻り、注文の品を揃えて納品する、というのが営業マンの仕事です。いってみれば御用聞きみたいなものですから、いたって簡単です。

しかし、それだけやっていたのでは、鳥居商店の社長とはいえません。私は売上げを上げるために、売れ筋情報を集めることにしました。つまり、売り場に納品したら、その後の5日間、各商品ごとの売上げを丹念に追っていくのです。そうすると、5日目頃にはどんな色のどんなサイズのどんな型のワンピースが一番よく売れたかがわかる。つまり、売れ筋商品がわかります。わかったら会社の倉庫から売れ筋商品を持ってきて、「このデータを見てください。これだけのペースで売れていますから、間違いなくこの夏の売れ筋商品です。これだけ持ってきましたから納品させてください」というふうに納品する。要するに、注文があってから納品するのではなく、こちらのペースで次々と納品していくのです。

そうして、夏物商戦の盛りを迎える頃には在庫切れを起こす商品も出てきます。しかし、在庫切れになってから慌てるようでは話になりません。私は、在庫がなくなりそうだなと見計らったら即、生地屋さんに電話をして生地があるかどうかを確認し、同時に縫製工場に連絡し、いますぐ縫製に入れるかどうかをチェック。両方オーケーとなったら製造課の許可を受けたうえでゴーサインを出す。あとはでき上がるのを待つだけですが、その頃になると在庫切れに気づいたほかの営業マンが慌て始めます。そこへ発注しておいた「伊勢丹オリジナル」のワンピースやらスカートやらがドーンと工場から上がってくる。そうしたらそれを伊勢丹の売り場へ持っていって売るわけですが、もともと売れ筋商品なので飛ぶように売れる。

こうして、目標売上げ1億円を軽くオーバーして2億円を達成することになったわけです。これだけの実績を出したのですから、上司や先輩から褒められました。また、洩れ伝わってきた話によれば、ライバルのレナウンの営業会議で私のことが取り上げられ、「オンワードの伊勢丹担当にすごいのがいるらしい。まだ2年目だけど、バンバン売っているということだ。お前らも見習え」と、営業責任者が檄（げき）を飛ばしたということです。伝聞ですから嘘か本当かわかりません。しかし、こういう話を聞いて悪い気がするわけがありません。誇らしいし、晴れがましいし、とにかく気分がいい。頑張ってよかったなとつくづく思ったものです。

もちろん、この成果を上げるプロセスでは辛いこと、苦しいことがいっぱいありました。どうしても仕事が終わらないので会社に残って仕事をしていると、上司がやってきて、「お前、また残業しているのか。あれほど残業はダメだといったのに、まだわからんのか！」と怒鳴られる。別に残業代が出るわけじゃないんだし、こっちは売上げを少しでもアップしようと頑張っているんだから、少しくらい残ってやってもいいじゃないか、少なくとも怒鳴ることはないだろう。口答えしたくなったことも、一度や二度ではありません。

残業といえば、守衛さんとかくれんぼをしたこともあります。あの会社では当時、夜の8時になると守衛さんが一つひとつ部屋を巡回し、灯の点《つ》いている部屋があれば消していくことになっていたのです。それで、8時近くになると、「そろそろ来るぞ」と耳をそばだて、やがてコツコツという靴音が聞こえたらサッと机の下に隠れる。じっと息をこらしているとカチッという音とともに電気が消え、やがて靴音が遠のいていく。そしたら電気を点けて仕事を再開する、ということもよくありました。まるで悪いことでもやっているようですが、スポーツ感覚で楽しんでいた面もあったように思います。

それにしても、なぜあんなに頑張ったのだろう、頑張れたのだろう。その理由を考えるとき、まず挙げられるのが私自身の上昇志向の強さだろうと思います。これを上昇志向と呼ぶべきかどうかわかりませんが、当時、父、母、姉の3人の扶養家族を抱えていた私は、とにかくお金がほしかった。早く出世して、いいお給料が貰えるようになりたかった。それにはいい成績を残して認めてもらうしかない。そう考え、入社1年目からけっこう頑張っていました。

ただし、それだけではあそこまでは頑張れなかったはずです。やはり決定的に燃え上がらせたのは、上司のあの一言「鳥居商店の社長になったつもりで頑張れ」であったろうと思います。その言葉を聞かされたときは、どこまで任せてもらえるのか、正直、半信半疑でした。しかし、伊勢丹新宿本店の担当に就いたその日から、言葉に違わず自由にやらせてくれたのです。在庫切れになりそうなとき、縫製工場に命じて「伊勢丹オリジナル」の商品をつくらせた話を紹介しましたが、あのときにしてもすべて私の独断、上司に相談したこともなければ、指示を仰いだこともありません。

ときには、こんなこともありました。

仕事が目茶苦茶忙しく、とても私一人ではこなしきれなくなったとき、助手としてアルバイトを雇ってくれるよう、恐る恐る上司のところに掛け合いに行きました。鳥居商店の社長ではあっても、さすがに人の採用まで独断で決めるわけにはいきません。それで上司に相談したわけです。すると驚いたことに、四の五のいわず、その場で認めてくれたのです。

「わかった。それで、何人必要なんだ？」

「2人付けていただけたら、何とかなると思いますが」

「そうか、2人でいいんだな？」

「はい」

「わかった。じゃあ、さっそく人事部のほうに話を通しておくから」

そのとき交わした会話はたしか、これだけだったと思います。

ほかの同僚たちも自由にやらせてもらっていたのかどうか、それはわかりません。想像するに、私の上昇志向の強さ、すなわちやる気のありそうなところを見て、「こいつなら任せても大丈夫だろう」ということで、自由にやらせてくれたのだろうと思います。

それはともかく、ここまで裁量を認めてもらうと、仕事が本当に楽しくなります。売上げを上げるための戦略を自分で考え、自分で練り、その戦略に基づいて行動する。それがやがて結果となって表れる。これが実に楽しい。これ以上ない充実感、達成感を十二分に味わうことができます。

その仕事の楽しみを味わってもらい、仕事というのはそんなに辛いことばかりではないんだということを知ってもらうために私は、比較的早い段階から社員に仕事を任せるようにしました。もちろん、「ここまでなら大丈夫だろう」という範囲に限定し、また、大まかな方向性を指示したうえでのことですが、具体的な手法などについては男女を問わず、すべて任せることにしました。

結果は、といえば成否相半ばといったところでしょうか。女性陣はみな一様に活性化しました。モチベーションが上がったのは顔を見ればわかります。中には、

「いろいろな会社で経理の仕事をやってきましたが、自分で小切手を切っていいといわれたのは初めてです。本当にやり甲斐があります」

「仕事を任せてもらえるので、一層頑張らなきゃという気持ちになります」

と、心情の変化を語ってくれる女性もいました。

それに対して男性はほとんど変化が見られず、仕事を任せればやる気に火が点くだろうという私の目論見は見事に外れてしまいました。

それにしても、なぜ彼らはやる気にならないのだろう。普通、仕事を任されればやる気になるものなのに、これは一体どういうことなのだろうか。いまだによくわからないところであります。

私はその頃、「お金だけ」「自分だけ」の人間から脱皮しつつありました。教室の生徒さんや先生たちと触れ合う中で、お金より大切なものがあること、そして、こちらが誠意で向かえばどんな人間でも誠意で返してくれるということを学んだのです。

忘れてならない情報の共有化

どうしたら仕事の面白さをわかってもらえるのだろう、どうしたら活気あふれる職場になるのだろう……事業を立ち上げた当初からそんなことばかり考えていた私が、思案の末に着手したのは、前述したように「仕事を任せる」ことでした。仕事を任せるということは、「あなたのことを信じていますよ」という意思の表明、誠意の表明でもあります。その結果、主として女性陣の力ではあったものの、職場がものすごく活性化したということはすでに述べたとおりです。

実はこのとき、「仕事を任せる」こととは別に心がけたことがありました。それは何かというと、情報の共有化です。

組織を活性化し十分な成果を上げるには、組織の構成員一人ひとりが最大限の能力を発揮して職務に邁進すること、これが何よりも重要なことであるのは疑いのないところだろうと思います。しかし、一人ひとりが100パーセントの力を発揮したとしても、みんながみんな、てんでんばらばらの方向に向いていたら、組織としての力が発揮できません。最悪の場合、組織そのものが崩壊してしまうこともあり得ます。組織のパワーを全開させるにはやはり、全員が一つの方向、一つの目的に向かって行動しなければなりません。そのためには情報の共有化、換言すれば意思の相互確認が不可欠のはずです。

そう考えて私も、社員とのコミュニケーションにはずいぶんと時間を割いたつもりです。初期の頃は毎晩のようにノミュニケーションに出かけましたし、ちょっとした機会をとらえては自分の考えを伝えるように努めました。

「この学校を日本一、授業への出席率の高い学校にしたいと思っているんだけど、皆さんはどう思う?」

「そうなったら素晴らしいですね」

「じゃあ、どうやったらそうなると思う?」

「規則を厳しくするとか……」

「それで出席率が高くなってもちっとも面白くないんじゃないかな。そうではなくて、家にいるより学校にいたほうが楽しい、学校に行きたくて行きたくてしょうがない。そんな学校になったら素敵でしょ。どうやったら、そんな学校にできるのか、私も考えるけど、みんなにも考えてほしいんだ」

こういうやり取りを何十回、何百回と繰り返しました。ずいぶん時間がかかりましたが、根気強く語り続けるうちに、少しずつ同じ方向を向くようになりました。もちろん、そっぽを向いたままの人もいました。でも、大方は私の考えに賛同するようになったと思います。

これが、情報共有化の一番の成果です。が、それ以外にもいろいろと発見することが多く、社員とのコミュニケーションは実に有意義でした。

あれはたしか、昭和61年に医療秘書の専門学校を立ち上げてしばらくたった頃だったと記憶していますが、いかに実習病院を開拓するかが大きな問題になったことがありました。つまり、医療秘書の実習を受け入れてくれる病院を探さなければならなくなったわけです。しかし、そんなこと誰もしたことがない。どういうふうに話を持ちかけたら受け入れてもらえるのか、誰も知らない。そこで、みんなで方法を考えようということになったのです。そのとき、たまたま昔看護師さんをやっていた女性がいて、彼女は開口一番、一発でみんなのやる気を消滅させる台詞を吐いたらしい。らしい、というのは私自身その場に居合わせなかったからですが、彼女がいうことには、

「看護婦の実習でさえ受け入れ先の病院探しに苦労しているというのに、医療秘書の実習を引き受けてくれる病院なんかあるわけないじゃない！」

これで話し合いは終了。すぐさま、その場にいた一人の女性が私のところに飛んできて、こう報告しました。その台詞がふるっていて、いまでも忘れられないのですが、

「病院の開拓は無理です、できません。少しでも光が見えれば、私たちも頑張ります。でも、針の穴ほどの光も見えないんです」

「針の穴ほどの光も見えないって、じゃあ、どれくらい病院を回ったの？」

「まだ回っていません」

「回りもしないで光が見えるとか見えないとかって、どういうこと？　実際にやってみなければわからないじゃないか」

「でも、元看護婦のAさんが、看護婦でさえ受け入れてもらえないのに医療秘書が受け入れてもらえるわけがないって……」

「Aさんはそういったかもしれないけれど、やってみなければわからないでしょ。ゴチャゴチャいってる暇があったら、とにかく回ること。いますぐ訪問を開始しなさい」

ということで、みんなで手分けして病院訪問を始めたところ、1つ2つと受け入れてくれる病院が現れてきました。

私は、何か問題に直面したとき、できるかできないかを考えるタイプではありません。「やるっきゃない！」の精神で突撃し、そのあと考えるタイプです。やるか潰れるかのどちらかしかないという断崖絶壁をいつも背にしてきたせいかもしれませんが、「何ごともやってみなければわからない」が信条の私には、行動に移す前にできるかどうかを考えるというのが理解できません。というか、やる前からできない理由を探しているように思えてなりません。それは、大きな問題に直面したときのみならず、日常業務でも一緒で、何かにつけてはすぐにできない理由探しを始める人が少なくありません。

なぜ、そんなに後ろ向きなのだろう。最初はよくわかりませんでしたが、ほどなくしてわかりました。みんな、仕事が嫌いなのです。

仕事は辛いもの？　楽しいもの？

学ぶこと、働くこと、遊ぶこと、これは本来すべて楽しいはずで、遊ぶように働くということもあるのではないか、遊んでいるときよりも働いているときのほうが楽しいと思えることもあるのではないかと、私は考えています。

しかし現実には、遊びは好きだけど、仕事も勉強も大嫌いという人が多い。とくに働くことに関しては、辛くて苦しいばかりで、楽しいはずなどあるわけない、できれば働きたくない、という人が大多数を占めているようです。

これはなぜなのかと考えたら、学ぶこと、働くことは強制されたり命令されたりして、やらされることが多いからです。

皆さんも体験していると思いますが、小学生の頃、

「あなた、今度の算数のテスト、悪い成績だったわね。二度とこんなことがないように、しっかり勉強しなさい」

と、母親からいわれます。

「でもぼく、絵を描くほうが好きなんだけど……」

「何いっているの。絵なんかどうでもいいから、算数の勉強をしなさい」

といわれて、嫌々算数の勉強をするものの、そんな気持ちで勉強したところで身が入るわけがなく、次のテストでも似たりよったりの点数しかとれません。するとお母さんの怒りはますます激しくなって、

「またこんな点をとってきて、仕方のない子ね。これからはもう、勉強するまでは絶対に家から出しませんからね！」

こんなことを繰り返していたら、誰だって勉強が嫌いになります。

働くことも同じです。「お前、今月もまたノルマを達成できなかったのか。バカ者！」「全然仕事が進んでいないじゃないか。何をやってるんだ、お前は！」「勝手に判断するなといったろ。お前は俺のいったとおりやっていればいいんだ！」。毎度毎度こんな台詞を浴びせ

られたら、仕事が嫌いにならないほうが嘘というものです。

それに対して、遊ぶことは強制されることも命令されることもありません。「もっと遊ばなきゃダメっていったろ！」「必ず1日3時間以上遊ぶこと、わかったな！」などと、親や学校の先生から命じられることはまずありません。遊びは、強制や命令と無縁なのです。だから楽しいし、ワクワクするのです。

実は、学ぶことも同じで、命令されてやるのではなく、自ら主体的に取り組めば実に楽しいものになります。

かくいう私も、勉強が嫌いでした。経営の勉強をするようになってからは好きになりましたが、小学校から大学まで、勉強が楽しいと感じたことはありません。しかし一度だけ、勉強って面白いなと思ったことがあります。卒業論文制作のときです。というのも、私が取り組んだ卒論のテーマはいまだ誰も研究したことのない分野だったからで、まず自分で理論を構築し、次に裏付けとなるデータを収集し、そして最後に自分なりの結論に導く。この作業が実に楽しく、大変でしたけれど、毎日うきうきしながらやっていました。

仕事も同じです。仕事は本来、楽しいものであるはずです。辛く感じるのは、受け身の姿勢で仕事に対しているからではないでしょうか。たとえ任されている範囲が小さなものであったとしても、その中で自分なりのテーマを設定するなど主体的に取り組めば、見るもの聞くものすべてがガラッと180度変わってきます。そして、いままで見えなかったものが見えるようになり、気づかなかったことに気づくようになります。人間は、そうやって仕事を通して成長していくのではないかと、私は思っています。

そういう視点を見失うと、仕事はただ辛いもの、ただ苦しいものになってしまいます。それはしかし、仕事に対する歪んだ見方であるといわざるを得ません。この歪んだ見方を矯正できなければ、企業の活性化、従業員の活性化は百年河清を俟《ま》つに等しいでしょう。

いま、日本の企業は元気を失っているといわれています。私が思うに、元気を取り戻す要諦は仕事および働くことへの見方を正すことにあるのではないでしょうか。

仕事で得られる3つのもの

ところで、仕事で得られるものとは一体何でしょうか。これを考えるとき、誰もがまず思い浮かべるのはお金です。改めていうまでもなく、お金は生活していくうえでとても大切なもので、お金がなければ生活そのものが成り立ちません。そのお金が、仕事をやっても得られないということになったら困ってしまいます。

仕事を通して得られるものの2番目は、感謝です。真心込めていい仕事をすると、お客さまや上司、あるいは周りの同僚たちから「ありがとう」「君、すごいね」という言葉をかけてもらえます。ときには、手を握って「本当にありがとう。こんなに一所懸命やってくれて感謝感激です」と涙を流すお客さまもいます。そこからさらに仕事の質が上がっていくと、もっと多くの人から喜ばれます。その瞬間、自分がやったことでこんなにも喜んでくれる人がいるんだ、ということを実感します。これは、何ものにも替えがたい感動です。

3番目は自分自身の成長です。一所懸命に仕事をしていくと、知らず知らずのうちに職能力が磨かれます。たとえば、電話の受け応えがうまくなるとか、書けなかったビジネス文書が書けるようになるとか、あるいは人前で堂々と話せるようになるとか、自分自身が成長していっていることを実感できます。それはすなわち、器が大きくなった証であり、その分、世のため人のために役立つことができます。

仕事で得られるものとは何か。煎じ詰めれば、お金と感謝と自分自身の成長の3つに絞られるのではないかと私は考えていますが、このうち一番実感しにくいのは感謝です。

業種によってはまったく感謝を実感できない仕事もあります。さしずめ電力会社など最も代表的なものといえるでしょう。電力会社の場合、電気を正常に供給していて当たり前で、「いつも電気を送ってくださって、ありがとうございます」などと感謝の言葉をいってもらえることなど、まずあり得ません。反対に停電にでもなろうものなら、途端に苦情の電話が殺到します。

鉄道会社も感謝を実感できない業種の一つで、ダイヤどおりに運行していて、「いつも正確に電車を動かしてくださって、ありがとうございます」と感謝されることなど、絶対といっていいくらいないでしょう。ところが、事故か何かでストップした日には、「いつになったら動くんだ！」「お前ら、たるんでいるんじゃないか」などと、これでもかというほどの罵《ば》詈《り》雑言《ぞうごん》が浴びせられます。まったくもって気の毒というほかありませんが、こういう会社に勤めている人の場合、仕事で得られるものはお金と成長しかありません。

それでも、高度成長期にはそこそこモチベーションを維持することが可能でした。あの時代、誰もが皆もっとリッチになりたい、少しでも豊かな生活を送りたいと望んでいたし、かつての私のように「お金のため」「自分のため」だけに必死に働く人がたくさんいました。

お金はモチベーションを高めるための極めて重要なファクターであったのです。

でも、いまは違います。「これ以上欲しいモノはない」といわれるほどの成熟時代を迎えたいま、お金だけでは心を動かされない人が急激に増えてきました。その傾向はとりわけ若い世代に顕著で、金銭欲で目を血走らせるような若者は滅多にいません。

では、いまの若者たちが心を動かされるものは何なのか。

抽象的ないい方になりますが、「自分の存在価値を認められること」、あるいは「自分が社会の役に立っている実感」ではないかと思います。自分がこの世に生まれてきた意義を知りたい、社会に役立つ人間であることを実感したい。そういう若者が増えてきていることは、東日本大震災のときの若者たちの行動を思い起こせばよくわかるはずです。

あのとき、多くの若者が被災地に出向き、瓦礫の撤去や避難所のお手伝いに汗を流しました。どんなに汗を流したところで一銭にもならない。一銭にもならないのは百も承知だけれど、矢も楯もたまらず被災地入りして、黙々と救援活動に励む若者たち。そんな彼ら彼女らの姿をテレビで見て、深い感動を覚えた方も大勢いらっしゃると思いますが、一番感動、感激していたのは当の本人たちであったろうと思います。彼らを突き動かしていたのは、「ありがとう」という一言であったはずです。その一言で彼らは、自らの存在意義と、自分が社会に役立つ人間であることを確認していたに違いありません。

私が起業した頃は「自分のためだけ」「お金のためだけ」「自分さえよければいい」というエゴイスティックな人が少なくありませんでした。あれからおよそ40年、時代は大きく変わり、自分ももちろん大切だけど、周りの人たち、そして目の前のお客さまも同じように大切に思う人がどんどん増えつつあります。

これは実に素晴らしいことであります。が、そういう時代が巡ってきたんだなと内心では思いながらも、私はある時期までは自分の考えに自信が持てず、口外するのをためらっていました。ところが、ある人の話を聞いて、自分の考えに確固たる自信を持つことができました。そのある人とは、取引先銀行の役員さんです。

忌憚《きたん》のないところを申し上げれば、それまで私は、銀行くらい「お金のため」「自分のため」にしか動かない企業はないと、ずっと思ってきました。おそらく、その見方に間違いはないと思いますが、その役員さんは思いも寄らぬことを口にしたのです。

「いやあ鳥居さん、この頃の若い女子社員は扱いが難しくてねえ、お客さまからの感謝を実感できるように仕向けないと動かないんですよ。昔は、アメとムチをうまいこと使い分ければそれなりにコントロールできました。でも、いまの若い女子社員にはもう、アメとムチは通用しません。彼女たちは上司の命令より何より、お客さまの喜ぶ顔に敏感に反応するんですよ」

ああ、銀行でもそうなんだ。意外な言葉にビックリすると同時に、私の銀行に対するイメージもだいぶ変わったような気がします。

自分も大事だけれど周りのみんなも大事、お客さまも大事。そして、お客さまから感謝されることが自分自身のエネルギーになっていく。そういう時代が巡ってきたのは、どうやら間違いなさそうです。

となると、企業や組織を活性化する方法はおのずから明らかになります。そうです、お客さまからの感謝を実感しやすいような仕組みをつくればいいのです。それを私は「感謝の見える化」と呼んでいますが、先に挙げた電力会社や鉄道会社のような「ありがとう」の言葉を返してもらいにくい業種でも、工夫さえすれば「感謝の見える化」は可能なはずです。

モチベーションを上げやすい役所や病院

職場を活性化しようとする場合、売上げ目標や成果が数字できちんと示される一般企業は社員のモチベーションを上げやすい、対して役所や学校や病院、福祉施設などは売上げ目標もなければ成果が数値で表されることがないので活性化しにくい、といったことがまことしやかに語られています。しかし、これは嘘です。

たしかに、やる気があるのかないのかわからないような役所の職員が多いのは、数値目標がなく、頑張っても頑張らなくても変わらないからだ、とする説には一定の説得力があります。私にいわせればしかし、役所などの非営利団体が活性化しないのは、ただ単にやり方が下手か、もしくはトップに活性化する意思がないだけのことであって、数値目標のあるなしは二次的な要因にすぎません。活性化しやすいかしにくいかという点にかぎれば、むしろ役所や学校のほうが活性化しやすいはずです。なぜなら、お客さまからの「ありがとう」がダイレクトに返ってくるからです。つまり、役所や学校などは本来、やり甲斐、働き甲斐を実感しやすい職場であるわけです。

それに対して一般企業の場合は、お客さまから「ありがとう」と感謝されることは滅多にありません。むろん、数値目標を掲げて社員を鼓舞することはできます。目標を達成した社員を特別表彰すれば、職場も少しは活気づくでしょう。しかし、これまで繰り返し述べてきたように、自分だけ表彰されること、自分だけ特別ボーナスを貰うことを心から喜べる若者は少なくなっているのです。それを考えたら、社内表彰がこれまでどおりの威力を発揮するかどうかは大いに疑問である、といわざるを得ません。

それより大事なのは、お客さまからの「ありがとう」の一言なのです。この感謝の一言に無上の喜びを感じると同時に、自分が社会の役に立っていることを確認してさらに燃え上がる、というのが現代の若者の特質なのです。それを考えたら、役所や病院などより一般企業のほうが活性化しにくい、という私の自論もご理解いただけるのではないでしょうか。

先に、「ありがとう」といってもらえない業種として電力会社と鉄道会社を挙げましたが、それ以外の業種にしても事情はさして変わりません。たとえば、自動車を購入するとき、ディーラーの担当者に「ありがとう」というお客がいるでしょうか。惻隠《そくいん》の情が濃いというのか、相手のことを慮る気持ちが強い人なら、「ありがとう」というかもしれません。

しかし、「ありがとうございました」と頭を下げるのは営業マン、というのが通り相場で、お客のほうが感謝の言葉を述べるケースは滅多にありません。中には「買ってやったんだぞ」という態度をあからさまにするお客も珍しくありません。そういうお客と四六時中接している営業マンの心中、いかばかりでありましょうか。

何を甘っちょろいことをいっているんだ、商売というのはそもそも、そういうものなんだ、という声が聞こえてきそうです。それについては私も否定しません。しかし、少なくともやり甲斐、働き甲斐を感じやすい職業でないことはたしかでしょう。

それに対して、役所や学校、病院などの活性化しやすいことといったらありません。とりわけ活性化しやすいのは病院です。病院くらい活性化しやすい業種はない、といっても決して過言ではありません。普通に応接しているだけで、患者さんから「ありがとう、ありがとう」と感謝してもらえるのですから、お医者さんや看護師さんほどやり甲斐、働き甲斐が感じられる職業は世界中どこを探してもないでしょう。

にもかかわらず、感謝されることに慣れてしまうからなのかどうなのか、活性化している病院は極めて少ないようです。患者さんや見舞いの人と廊下ですれ違っても挨拶一つしない看護師。患者さんの質問にろくすっぽ答えようとしない医師。これでは活性化するはずがないし、評判が悪くなって当然です。

とりわけ気になるのが、退院するときの素っ気なさです。「誰々さん、何時までに退院してくださいね」といわれて荷物をまとめ、会計で入院費を支払ったら、はい、さようなら。実にあっさりとしたものです。せめて色紙の一枚でも書いて渡せばずいぶん雰囲気も違ってくるのに、それをやっている病院があるという話は聞いたことがありません。

「何々さん、退院おめでとう。退院してからもお身体を大切に」

「何々さんの昔話、いつも楽しく聞かせてもらいました。これからも機会があったら聞かせてくださいね」

「ご家族に心配をかけないためにも、くれぐれもご自愛ください」

などといった寄せ書きを認《したた》め、退院の朝になったらみんなで患者さんの部屋に行き、「何々さん、退院おめでとう！」と拍手で見送ったら、誰だって感激するはずです。「皆さん、お世話になりました。ありがとう」といいながら、感激のあまり涙を流すかもしれません。

その感謝の言葉と涙。それがものすごいエネルギー源になって、モチベーションが上がっていく。患者さんのためにやればやっただけ「ありがとう」が返ってくるから、ますますモチベーションが上がっていく。それを繰り返していくうちに、何のためにこの仕事をやっているのかという原点が見えてくる。そういう仕掛けをいくつもつくっていくことが大事で、そうすれば病院にかぎらずどんな組織でも必ず活性化します。

活性化しないのは数値目標がないからではありません。問われるべきは、経営トップに活性化する意思があるのかどうか、です。活性化の意思があるにもかかわらず活性化しないのは、活性化に向けた具体的仕掛けがないか、もしくは不足しているからに違いありません。

笑顔を絶やさない医療秘書福祉専門学校の生徒たち

業種、業態によりさまざまな仕掛けが考えられます。どういう仕掛けがわが社に最もふさわしいか、それを考えるだけでもワクワクしてくるし、実践して成果になって現れればもっと楽しい。一度、仕掛けづくりに知恵を絞ってみてはいかがでしょうか。その際のキーワードは「感謝」であることをくれぐれもお忘れなく。

社内競争はプラスにならない

いま現在、社内表彰制度を設けたりして、社員同士を競争させている企業がかなりあるということです。もちろん、社内の活性化のため、あるいは業績アップのために競争させるのでしょうが、この社内競争、私の経験からいえば決してプラスには働きません。

かくいう私も競争するのが好きですし、競争させるのはもっと好きです。そんな私のことですから、事業を立ち上げた当初は、セールス月間みたいなものを設けて、社員同士をよく競わせたものです。そして、成績のよかった社員を表彰するわけですが、その場の雰囲気がどうもおかしい。私は当初、みんなが拍手喝采して成績優秀者を祝福するものとばかり思い込んでいました。ところが、拍手はするもののパラパラと音が聞こえてくるだけで、どこからどう見ても義理の拍手でしかないのです。それどころか、あとになって、「あの人はこんなズルいことをしているんですよ。ああいう人を表彰するなんて、おかしいですよ」と密告する人まで現れる始末です。もちろん、職場の雰囲気も悪くなりました。

それでも懲りずに社員競争を続けましたが、何回かやったあと、キッパリやめました。

これ以上、職場の雰囲気が悪くなったらまずいと考えたからです。

あとになって知ったことですが、2対6対2という法則があって、一つの集団内で競争をさせると、「非常に優秀な2割」「そこそこやる6割」「足を引っ張る2割」に分かれるのだそうです。そういう目で見るとたしかに、ますます張り切る勝ち組と、どんどん不貞腐れていく負け組と、やる気があるのかないのかわからない中間グループの3つに分かれている気がします。ところが、「非常に優秀な2割」だけを集めて競争をさせると、これまたその中で2対6対2に分かれる。「足を引っ張る2割」だけを競争させても2対6対2に分かれるといわれています。

なぜこんなふうに分かれるのかといえば、みんな我欲で競争するからです。勝ちたい、特別ボーナスを貰いたい、表彰されたい……。そういう欲望むき出しで競争した結果、10人中10人といわないまでも、7割、8割の人間がますますやる気になるなら別ですが、たった2割では話になりません。しかも、2割の負け組が不貞腐れ、妬みや嫉みの虜になるとしたら、競争させる意味がありません。社内競争は決してプラスにならないのです。

もう一つ、社内競争がプラスにならない理由があります。

私がオンワード樫山時代、年間売上目標1億円のところ、2倍の2億円を売り上げたことはすでに述べました。そして、どうやって2億円を達成したか、その方法についても書きましたが、もし私のノウハウを三越担当の営業マンや高島屋担当の営業マンに教えたら、販売部全体の売上げも2倍になるはずです。彼らが私より腕利きの営業マンであれば、2倍どころか3倍、4倍になるかもしれません。

ところがもし、トップ営業マンには数十万円の特別ボーナスが支給されるという社内表彰制度があったらどうでしょう。私だったら、自分の開発したノウハウを絶対にオープンにはしません。誰かに教えたら最後、勝てる保証がなくなってしまうから、口が裂けても決してオープンにはしません。オープンにせぬまま翌年も翌々年も特別ボーナスを貰い続け、自分をもっと高く買ってくれるところがあれば転職しよう、と考えるに違いありません。その結果はといえば、私の開発したノウハウは会社の財産にならず、残るのはギスギスした雰囲気だけ、ということになりかねません。社内競争は、こういうマイナスをもたらすのです。

どうしても社内競争をさせたい場合、あるいはさせなければならない場合は、グループ間競争にとどめるべきです。個人を競わせるにしても、成績優秀者には表彰状を授与する程度に止め、金銭的な報酬は、販売部なら販売部全体の業績がアップしたときに全員に等しく分配する、というふうにしたほうが絶対にプラスです。

私の三幸学園では個人間競争はおろか、グループ間競争もさせていません。ですから、授業の進め方やクラスの運営の仕方など、何か素晴らしい方法を開発したりすれば、その人は何のためらいもなくみんなの前で発表します。それが即、全員の知恵となって学校全体のレベルアップにつながっていくわけですから、競争させるよりはるかに効率がいいと思っています。

それに関して何年か前、私は感動的な話を耳にしました。たしか横浜医療秘書歯科助手専門学校の生徒だったと思いますが、就職活動をした結果、彼女は内定を2件もらったそうです。そこで、1件を断りに行ったのですけれど、そのとき彼女はこういったというのです。

「実は別にもう1件、内定をいただいておりまして、そちらにお世話になろうと考えております。ですので、申しわけありませんが、お断りいたします。お断りしておいてこんなことをお願いするのは大変失礼ですけれど、私のクラスにこの病院を希望している生徒がいます。私より優秀な生徒です。ぜひ、その生徒を採用してあげてください」

あとで聞いたところによれば、そのクラスの担任は就職活動を開始するにあたって、「クラス全員の就職を目指して頑張ろう」と呼びかけたそうです。それで彼女も、クラスの仲間のために「採用してやってください」と頭を下げたというのです。

人を動かすには欲望を刺激するのが一番手っとり早い、といわれています。それは一面の真実を突いた言葉ではあるでしょう。しかし、彼女や被災地救援のボランティアに汗する青年たちを見ればわかるように、人間は必ずしも自分の欲望だけで生きているわけではありません。むしろ、世のため人のために役立ちたいという思いが心のどこかにあって、周りの仲間や誰かの役に立つと思ったときのほうが、ずっと大きな力を発揮するのが人間というものなのではないでしょうか。そこを見誤ると、かつての私のように、手痛いしっぺ返しを食らうことになりかねません。くれぐれも注意したいところです。

第6章　ニューリーダー論

すべての組織はトップ1人で99パーセント決まる

「あらゆる組織体は、トップ1人で99パーセント決まる」といわれています。初めてこの言葉を耳にしたのはかなり若い頃だったろうと思いますが、そのときは、素直に信じることができませんでした。いろいろな人が協力し合って前に進んでいくのが組織というものであるはずだから、いくら何でもトップ1人で99パーセント決まるなんて、あるわけないだろう、誇張のしすぎだろう。そんなふうに受け止めておりました。

ところがその後、学校経営に携わっていくうち、この言葉どおりであることがだんだんわかってきました。

私どもの専門学校にはいまも昔もクラス担任というのがあります。そのクラス担任が替わった途端、クラスの雰囲気がガラッと一変することが昔はよくありました。先生のいうことは聞かない守らない、授業中はおしゃべりする、欠席は多い。どうしようもないクラスが、2年生になって担任が替わったら、卒業する頃には学年で一番素晴らしいクラスになっていた、ということが珍しくなかったのです。そういう現実を目の当たりにしているうちに、「ああ、なるほど。たしかにトップ1人で組織というものは変わっていくんだな」と思い知らされたわけです。

おそらく、クラスにかぎらず学校でも会社でも「トップ1人で99パーセント」の原則は変わらないはずです。校長1人で学校の99パーセントが決まる、社長1人で会社の99パーセントが決まる、いい学校になるのも悪い学校になるのもすべては校長次第、いい会社になるのも悪い会社になるのもすべては社長次第。いまではそう確信しております。

問題の多い組織を改善して、素晴らしい組織に生まれ変わらせるには、ものすごいエネルギーが必要です。そのエネルギーをみんなで分担して、話し合いで決めていきましょう、ということがよく行なわれています。しかし、それで改善されることはまずあり得ません。話し合い自体、悪いことだとは思いませんが、その前にやらなければならないことがあるのです。それは何かといえば、トップがエネルギーのすべてを負担する覚悟を決めることです。組織の改善、改良はトップしかできないことなのですから、それだけの覚悟をトップが決めないことには、どんなに話し合っても一歩も前に進まないはずです。

ビジョンを描けなければトップは務まらない

その次に重要なこと、いや、これが一番重要だと思いますが、トップがやるべき大事なことは、ビジョン（方向）を示すことです。どんな学校にしたいのか、どんな会社にしたいのか、トップが描く構想、理想をできるだけ具体的に伝えること、これが最も重要です。ただ漠然と「いい学校にしたいな。なったらいいな」と思っているだけでは、いい学校になる道理がありません。それを考えたら、ビジョンを伝える以前に、ビジョンを描ける人でなければトップは務まらない、というべきかもしれません。

3章で書きましたが、かくいう私も、最初に医療事務の教室を開いた頃は、ビジョンもヘチマも持ち合わせていませんでした。ただ儲かればいい、ただ会社が潰れなければいい、それしか頭にありませんでした。いまから考えると、あの頃の私はトップが務まるような人間ではなかったと思います。

ところが、松下幸之助さんの本を通して、「会社には理念が必要である」ことを知ったことで、「こういう学校にしたい」「こういう学校だったら素晴らしいだろうな」ということを考えるようになり、思いついたことをノートに書き留めるクセを身につけました。そして、10年、15年たって、ハッと気づいたら、ノートに書き留めてきた理想の学校にかなり近づいていた、というのが実感です。もし、松下幸之助さんの本に出合っていなかったら、今日の三幸学園はなかったかもしれません。

私はまた、東京未来大学をつくるとき、「教員中心の大学から学生中心の大学に」「研究中心の大学から教育中心の大学に」「自由放任の大学から面倒見のよい大学に」「教員と学生の距離が遠い大学から距離の近い大学に」という4つのビジョンを掲げました。それに対して、外部から採用した先生方から、「そんなのは大学じゃない」「そんなことできるわけがない」「冗談をいうのはやめてほしい」などと、矢の如く批判が飛んできましたが、もしあのとき、「小学校教員の資格を取得するための大学をつくる」という方針を示しただけだったらどうでしょう。きっと、何の変哲もない大学ができ上がっていたに違いありません。このご時世、そんな大学をつくっても、アッという間に淘汰されてしまいます。

4つのビジョンには、大学教育に対する私の思いが凝縮されています。その凝縮された思いがトップには不可欠なのです。それがない人はトップには立てないし、立たないほうがいい。そう断言しても差し支えありません。

ビジョンの共鳴者をつくれ

次に大事なのは、ビジョンを周りに伝えるだけでなく、トップが示したビジョンを「実現したら素晴らしいな」と思わせること。これも非常に重要なテーマです。

改めていうまでもなく、ビジョンを示せば即実践に移される、ということはまずあり得ません。組織を実際に動かす組織の構成員が「ああ、そうだね。そういう学校になったら素敵だね」「自分もかねがね、そういう学校になったらいいなと思っていたんです」などと、共鳴しないことには、せっかくのビジョンも画餅で終わってしまいます。

では、周りのみんながすぐに共鳴してくれるかというと、難しいことのほうが多いようです。ことに、誰もやったことのないようなことにチャレンジするときには、必ずといってよいほど、常識という名の壁に直面します。この壁を突き破るのはとても難しく、錐で岩を穿《うが》つような根気強さが求められます。

東京未来大学のときには、私もずいぶん苦労しました。いくら説明しても、「それは専門学校の話でしょ。大学はそういうものではありません」の一点張り。これには頭を抱えるばかりでしたが、ここで諦めるわけにはいきません。先生方の共鳴を得ないことには、たとえ大学をつくったところで、遠からず潰れるであろうことは目に見えていたからです。

理解してくれなくてもいい、向こうが根負けするまで語り続けるまでだ……私は、半ば開き直りました。そして、あらゆる機会をとらえては熱く語り続けました。その結果、開学時には3割ほどの先生が共鳴してくれるようになったのです。常識に凝り固まった先生方に反対されたとき、こちらが折れていたら3割どころか、賛同者ゼロで終わっていたでしょう。

「笛吹けど踊らず」という言葉がありますが、笛を吹いても踊らないのが普通で、すぐに踊り出してくれるなら楽なものです。トップたる者、踊り出すまでひたすら吹き続けるようでなければなりません。それだけの粘りと根性がなければトップは務まりません。その意味で、淡白すぎる人はトップに向いていないかもしれません。とくに、「宵越しの銭は持たねえ」という江戸っ子気質を地で行くような、潔さを信条とする人には向いていないのではないかと思います。

やはり、ビジョンを構想する力とビジョンを伝えていく粘り、この2つがトップには不可欠であります。

影響力のあるキーマンを探し出せ

トップの示したビジョンに全員が共鳴してくれたらいうことはありません。しかし、10人が10人、100人が100人、共鳴してくれるというのは、現実的にはほとんど考えられません。けれど、私の経験からいって、賛同者が7割を超えれば大丈夫。放っておいてもビジョンは動き始めます。したがって、いかに7割まで持っていくかがポイントになるわけですが、その際、大事なのが核となる人の心をがっちり掴むことです。

学校や会社にかぎらず、どんな組織にも影響力の強い人がいます。教員なら教員、従業員なら従業員の顔を一人ひとり思い浮かべていくと、「あっ、彼なんか影響力強そうだな」という人が必ず何人かいるはずです。その人がキーマンなのです。そのキーマンに、「一緒にやろうよ。この学校を素晴らしい学校にしよう」「この会社をこういう方向に持っていきたいんだけど、協力してくれないか」と熱く語りかけ、心を掴むことができれば、あとは彼が自分に代わって賛同者を増やしてくれます。

私は、東京未来大学を創立するにあたって30人ほどの先生方に向かって熱く語りました。

とくに、キーマンと思しき先生には情熱的に語り続けました。その傍ら私は、専門学校の先生の中からとりわけ教育熱心な先生を何人か抜擢して、東京未来大学のキャンパスアドバイザーに据えました。もちろん、ダブル担任制という特色ある大学にするためですが、彼らが私に代わってビジョンを語ってくれるのではないかという期待も込めてキャンパスアドバイザーになってもらったのです。

一方で、キャンパスアドバイザーたちが特段、熱く語ってくれなくてもいい、という思いもありました。前にも述べたように、彼らは素晴らしく教育熱心です。学生のためになることなら労を惜しむことがありません。そんな彼らの背中を見続けていれば、研究には熱心だけど教育にはあまり関心のない教学の先生方も、大学に対する見方を変えるのではないか、教育に前向きになるのではないか、学生たちと積極的に交わるようになるのではないか、という読みがあったのです。

多分、その読みに狂いはなかったと思います。開学後、年を追うように賛同者が増えるだけでなく、教員と学生たちの交流が活発になっていっていることを考えれば、キャンパスアドバイザーの背中を見て意識を変えた先生方がいたであろうことは、疑いありません。やはり、言葉で伝えるより、背中で語るほうが効果があるのかもしれません。

具体化策は周囲に任せるのがベター

先ほどいいましたように、賛同者が7割を超えればあとは放っておいても大丈夫です。大丈夫ではありますが、ビジョンをどうやって具体化するのか、という大事なテーマが残されています。

ビジョンというのはそもそも大きな方向性を指し示すもので、こと細かな具体論にまで言及しているビジョンは滅多にありません。東京未来大学のビジョンにしても4つの方向性を示しただけで、具体化策まで立ち入ってはいません。

さて、話がこの段階まで進んできたとき、トップはどのような態度をとるべきなのでしょうか。思うに、あれこれ具体的に指示するのではなく、周りのみんなに考えさせるように持っていくのがベターではないでしょうか。「私も考えるけれど、みんなも考えてほしい」といえば、ビジョンに賛同しているのですから真剣に考えるはずです。その、自分たちで考えるというのが大事なのです。自分たちで考え、自分たちで決めた具体化策であるなら、おのずから取り組む熱意が違ってきます。責任感も違ってきます。

むろん、トップ自身に具体化策があれば提示してもよいでしょう。しかし、あくまで「私はこうやったらいいんじゃないかと思っているんだけど」などと提示するだけに止めるべきで、「こうやりなさい」と命令するのは得策ではありません。

賛同者が増えた段階で、ビジョンはもうトップだけのものではなくみんなのものになっているのです。そこに気づかず、「俺のビジョンだから」という命令調の態度をとり続けていたら、せっかく盛り上がった機運もしぼんでしまいます。「だったら勝手にやったら」と背を向ける人も出てくるかもしれません。

三幸学園が「挨拶をする学校」への取り組みを開始したとき、私は細かい指示は出しませんでした。「毎朝、校門に立って挨拶する」とか「生徒とすれ違ったら、先生のほうから挨拶する」と決めたのは先生方です。もし、私が決め、命令を出したらどうでしょう。もちろん、理事長の命令ですから、みんな黙って従うでしょう。でも、長続きするとは到底、考えられません。

やはり、細かいことは部下たちに任せ、必要に応じてアドバイスする程度に止めておくべきです。その代わり、トップはトップとして、新しいテーマにチャレンジしていったほうが、組織全体にとってプラスになりますし、トップ自身にとっても楽しいはずです。

成果に感激する場をつくれ

ビジョンが共有化され、具体化策も決まれば、ビジョンは半ば達成されたも同然です。しかし、トップにはまだやらなければならない大きな仕事が残っています。それは何かといったら、成果が上がったとき教職員や社員の誰もが感動し、「ああ、この学校の先生になってよかった」「この会社の社員でよかった」「来年もまた頑張ろう」という気持ちになるよう、演出すること。平たくいえば、「やったね！」という感動を目いっぱい味わわせることです。これがうまいか下手かで、モチベーションがずいぶん違ってきますので、トップには細心の配慮が求められます。

三幸学園の卒業式では、卒業生も父兄も、みんな感動の涙を流すということはプロローグで書いたとおりですが、卒業式のあとには謝恩会をやります。それも、一流のホテルでできるだけ豪華にやります。その謝恩会で一番盛り上がるのは先生方への花束贈呈のシーンなのですが、このとき、そのクラスで一番手を焼かせた、やんちゃな生徒が書いた手紙を読み上げることになっています。そういう生徒にかぎって、いいことを書くもので、「先生と出会えてよかった。先生と出会えなかったら俺、ダメ人間になっていたと思う。ありがとう、先生」などと読み上げると、担任の先生はもう、ボロボロ涙を流すばかりで言葉になりません。それを見ている周りの先生や生徒まで涙を流し、みるみるうちに会場は感動の渦に巻き込まれていきます。

真剣に生徒に向かい、一所懸命に教育すれば、最初はそっぽを向いていた生徒も最後はわかってくれる。一所懸命やれば、やっただけのことを必ず生徒は返してくれる。苦労は必ず報われる。それを実感させてやりたいがために、多少お金はかかってもできるだけ豪華な雰囲気の中で行なうことにしているわけです。

「この世に生まれてきて、こんなに感動したことはありません。初めて自分を褒めてやりたいと思いました」

というくらい、感動的な瞬間なのです。苦労が多ければ多いほど、1年間のすべての苦労が喜びに変わる一瞬なのです。その感動を味わえば、「教員って、素晴らしい職業なんだ」と自分の仕事に誇りが持てますし、「よーし、来年も頑張ろう」と、自らを奮い立たせることができます。

このような謝恩会をやるようになって、かれこれ20年以上たちますが、始めるようになったのには一つのきっかけがあります。

私はいまの事業を立ち上げた頃、すなわち医療事務の教室を千葉県の市川駅前に開いた頃、月曜と木曜の週2回、教壇に立って生徒さんたちに教えていました。そして、3カ月後の最後の授業のとき、お別れの挨拶をしました。

「3カ月間、皆さんには大変お世話になりました。私みたいな教え方の下手な人間が先生で、さぞや勉強しづらかったことでしょう。心から申し訳なく思っております。さて、最後の授業が終わったいま、今度は皆さんが先生になって私に教えていただきたい。私のやり方、教え方で問題があれば、どんなことでもけっこうですので、自由に書いてください。教師としてやらなければならないことは何なのか、どうか教えてください」

といって、アンケート用紙に書いてもらったのです。先生をしていくうえでの参考にしようと考えたわけです。ところが、アンケートの回答を見てびっくり。どれもこれも「ありがとう」と「感謝」の言葉ばかりなのです。「先生には熱心に教えていただいて、本当に感謝しています」というものばかりで、苦情を書いてくださいといったにもかかわらず、その類の言葉は一切ない。これには震えるほどの感動を覚えました。

このとき知ったのです、生徒からの「ありがとう」の言葉くらいエネルギーになるものはない、と。もちろん、金銭的報酬もモチベーションを高めます。しかし、教員という仕事にかぎっては、それよりも生徒からの「ありがとう」と生徒の涙。これに勝るものはないのではないかと思います。

ともあれ、私の若き日の体験がベースとなって「感動の謝恩会」が始まったわけですが、一般企業で成果を喜び合う場といったら、どのようなものが考えられるでしょうか。けっこう難しいテーマだと思います。ことにお客さまと直接顔を合わせる機会の少ない業種、あるいは鉄道会社や電力会社のような、「ありがとう」の言葉をもらいにくい業種の場合は難しいと思います。それでも、知恵を絞りに絞って、成果をみんなで喜び合える場を設定し、社員のモチベーションをグーンと引き上げていく。そういう企業が、厳しい競争を勝ち抜いていくのだろうと思います。

リーダーの2つのタイプ

ここまではトップの役割について、心のつれづれに任せて述べてきました。次に、トップを含めたリーダーの役割について少し述べさせていただきます。

まず最初に、私の好きな言葉を紹介します。

「リーダーとは、やりたいことをやらせる人のことではなく、やりたいと思わせることのできる人のことである」

リーダーというと、とかく「あれをやれ！　これをやれ！」と命令や指示を出す人のように思われがちです。しかし、本当のリーダーとはそういうものではなく、自分のやりたいことに共感を覚えさせる人のことだ、というのです。

なぜ、この言葉が心に残っているかというと、かつての私は「やりたいことをやらせる」社長、つまり命令や指示を出すだけの社長だったからです。もともと命令をするのが大好きな私は、しょっちゅう「右向け右」「左向け左」とやっていました。すると、社員たちはいわれたとおり右を向き、左を向きます。これは非常に気分がいい。自分の命じたとおりに人が動くのですから、気分は最高です。その爽快感は体験した人でないとわからないかもしれません。

ところが、業績はといったら、これがまったく伸びません。いくら笛を吹いて踊らせても一向に伸びる気配すらありません。何をやっているんだ、あいつら。命令どおりやっていないんじゃないか。どいつもこいつも、まったく頼りにならないやつばかりなんだから……私の不満は爆発寸前です。そんな折に目にしたのが先の言葉だったのです。

最初に読んだときには、何か、自分のことを批判されているような気分になりました。しかし、冷静になって考えればたしかにそのとおりで、異論を差し挟む余地はありません。が、必ずしも腑に落ちたわけではありませんでした。

やりたいことをやりたいと思わせる、つまり共感させることができたら、それは最高だ。けれど、それには時間がかかる。スピードが勝負のこの時代、そんなまだるっこしいことをやっていたら、競争に負けてしまうんじゃないか……。

私はその後、しばらくの間「右向け右」を続けました。が、ほどなくして「やりたいことをやりたいと思わせる」に方向転換しました。「右向け右」のほうが手っとり早いと考えたものの、まったく成果が上がらなかったからです。

いまにして思えば、社員たちは右を向いたフリ左を向いたフリをしていただけなのです。目先の利益に目を奪われるあまり、そんなことにも気づかずに〝命令ごっこ〟を楽しんでいた当時の私は、リーダー失格でした。私もそうでしたが、よくよく世の中を見渡すと、リーダーと呼ばれる人の多くが、「やりたいことをやらせる」「右向け右」のリーダーのようです。

「やりたいことをやらせる」リーダーの手法はだいたい決まっていて、「社員を数字で管理し、細かくチェックする」「部下を互いに競争させて業績を上げていく」ということに集約できます。営業の会社の支店長はこのタイプが多く、

「今月の売上げはどうなっている？　何、まだ達成していない？　じゃあ、どうするつもりなんだ、お前は」

と、細かく数字でチェックする。そして部下が、

「今日は一日、お客さまのところを回っていました」

と報告すると、

「どこでどんな話をしていたんだ？」

そんなことまで根掘り葉掘りチェックする。さらに、部下同士を競争させて、「今月の1位は誰それ」といったことを繰り返しては、業績を上げようとする。こういうリーダーが、多いというよりほとんどです。

この手のタイプのリーダーにとって、部下は手足にすぎません。「お前たちは頭を使わなくていい。頭は俺だけでいい。お前たちは俺の命じたとおりに動けばいいんだ！」とば

かりに、何でもかんでも自分一人で決めていく。それでいて、外部の人と会えば、

「ウチの社員はロクでもないやつばかりで困っているんですよ。どこかに有能な人材、いませんかねえ」

なんていうことを平気で口にする。

「何をいっているんですか。お宅の社員、みんな頑張っているじゃないですか」

などと口を挟めば、

「頑張っている？　冗談いってはいけません。私の若い頃の半分、いや3分の1も働いていませんよ。どうなっているんですかねえ、いまどきの若い人は」

と、自慢話と若者批判を展開する。こういう上司の1人や2人、皆さんの周りにもきっといるのではないかと思います。

一方、そういう上司の下にいる部下はどうかといえば、やらされ感が強くて、考えようとしない。考えたって仕方がないからです。

「こういうことをやったらいいと思っているんですが」

と、提案しても、

「そんなことを考える前に、お前の成績を考えろ。お前の成績でよくそんなことがいえる

ねえ。俺には信じられないよ。とにかくお前は、俺のいうとおりにやっていればいいんだ。わかったな！」

と、頭から否定されるのがわかっているから、最初から考えようとしない。それどころか、下手なことをいって叱られるよりはゴマでもすって気に入られたほうが得だとばかり、上司の顔色を窺《うかが》う。そして、仕事が終われば居酒屋に行って、上司の悪口を肴に酒を飲む。こんな光景がよく見られますが、これでは社員が死んでしまいます。せっかく優秀な大学を卒業して大企業に入っても考えない人間になってしまったら、日本経済にとって大損失です。

私は、大学卒業後の2年間しかサラリーマン生活を体験していません。しかも、そのときの上司が「鳥居商店の社長になったつもりでやれ」という考えで、やらせてくれる上司、仕事を任せてくれる上司だったものですから、世の中の上司と呼ばれる人種はみんなそんなものだろうと思っていました。要するに、「やりたいことをやらせる上司」「考えさせない上司」に出会ったことがないのです。

そんな私が「上司の実情」を知ったのは、ある団体に入ってからのことです。元大会社の社長であるとか、老舗企業の何代目であるとか、錚々《そうそう》たる経歴の持ち主がキラ星のごとく名前を連ねている、有名な団体です。そんな中にあってぺーぺーの私はあるとき、団体主催のあるイベントの副委員長に任命されました。そして、私を任命するにあたって委員長が、

「鳥居さん、あなたにすべて任せるから、大いにやってください」

とおっしゃいました。そういわれれば、じゃあ自分の構想どおり自由に進めていいんだなと、誰しも思うではありませんか。だから私も、誰にも相談せずに企画を考え、自分のペースで進めていきました。ところが、イベントの案内冊子をつくる段になったら私のところにやってきて、こうおっしゃったのです。

「冊子の表紙の色、何色にするの？　えっ、もう赤に決めちゃったの？　ぼくは青が好きなんだよね。いまからでも直せるでしょ」

（えぇーっ、すべて任せるとおっしゃったではないですか。あれは嘘だったんですか）

思わずそう口走りそうになるのを必死に堪え、赤と決まっていたものを直前になって青に変更しましたが、似たようなことが一再ならずありました。

それにしても、任せるといっておきながら、あれこれ細かいことにまで口を挟むというのは、一体どういう心理なのでしょう。想像するに、ご本人は意外と気づいていないのだ

と思います。大企業の社長時代からやってきたことだから、ご本人にとっては至極当たり前のことであるに違いありません。

てっきり任されたものと思い込んで、一所懸命に取り組んでいるこちらはたまったものではありませんが、私自身、気がつかないうちに案外、同じようなことをやっているかもしれません。すべからく他山の石にしなければ、とつくづく思ったものです。

部下のモチベーションを上げるリーダー

次に、「やりたいことをやりたいと思わせる」リーダーの特徴について考えてみましょう。このタイプのリーダーの特徴としてまず挙げられるのは、部下を手足のように使おうという気持ちなどさらさらない、ということです。全員が対等なパートナー、もしくはワーキング・チームの一員であるというとらえ方をして、基本的に上下関係で見ようとはしません。まして、「考えるのは俺一人で十分、お前たちは俺のいうとおりに動けばそれでいい」などとは決していいません。

2番目の特徴として、このタイプのリーダーは部下に仕事の意義ややり遂げる価値を伝えて、できるだけモチベーションを上げようとします。

その点に関していえば、昔、リクルートの雑誌担当だった課長さんはものすごく上手でした。彼の仕事は、進学雑誌のページを売ることで、失礼ながらそんなに大きな社会的意義があるとは思えません。ありていにいえば普通の営業です。ところが、彼は部下を鼓舞するのがうまく、「われわれは、高校生に人生の選択肢を広げてあげる、社会的に極めて重要な仕事をしているのだ」と、ことあるごとに力説するのです。脇で聞いていると、「でも、所詮は営業じゃないの」とチャチャを入れたくなるほど力説するのですが、訓示を受けた営業マンたちが使命感に燃えて会社を飛び出していく姿を見せられると、「うまいものだなあ」と思わず唸ってしまう。それくらい上手でした。

ごく一部を除けば、どんな仕事にも社会的意義があります。一見つまらない仕事のように思えても、必ず社会の役に立っています。そこを見出してモチベーションを高めようとするのが、「やりたいことをやりたいと思わせる」リーダーなのです。

また、このリーダーは、仕事の主役はそれを担当する人であるとし、その人の意見を最大限、尊重します。むろん、方向性が狂っている場合は受け入れませんが、概ね合致していれば受け入れて、結果が出るまで黙って見守るだけの包容力と辛抱強さを持ち合わせています。

さて、ここで質問です。リーダーたる自分の考えどおりにやれば100点の成果が得られ、部下の提言を受け入れたら70点の成果しか上がらないことが明白なとき、あなただったらどちらを選択しますか。自分の考えたやり方でやらせますか、それとも部下の提言を受け入れて、部下の思うようにやらせますか。

私だったら、部下の思うようにやらせます。なぜか。モチベーションが全然違ってくるからです。自分の提案が拒否され、上司から「俺のいうとおりにやれ」と命じられて、「よーし、頑張るぞ！」と燃え上がる人がいるでしょうか。むしろ、がっかりしてやる気を削がれるのが普通です。「失敗したっていいや、あいつが命じたことなんだから」と考える人もいるかもしれません。その結果、当初見込んでいた100点が90点、あるいは80点にしかならないことも考えられます。

対して、「君のプランどおりやってみよ」といわれたらどうでしょう。「よーし、いい成果を報告できるように頑張るぞ！」と、誰もが皆張り切るはずです。その結果、100点は無理としても80点、90点取るかもしれません。よしんば、当初の見込みどおり70点しか取れなかったとしても、何度も繰り返していくうちに80点、90点取れる人間に成長していきます。そうなれば本人はもとより、組織全体にとっても大きなプラスです。

「やりたいと思わせる」リーダーは、業績だけでなく、絶えず部下のモチベーションにも気を配ります。ですから当然、信頼されます。少なくとも、酒の肴にされるようなことはありません。一方、部下は部下で仕事に誇りとやり甲斐が持てるので、どんどん成長していきます。また、周囲に感謝する心も芽生えてきます。

上司と部下との間でこのような関係を築くことができたら、素晴らしいと思いませんか。私も、ずっと前から「やりたいと思わせる」リーダーを目指してやってきたつもりです。それでもしかし、気づかぬうちに「やらせる」リーダーが顔をのぞかせることも多々あったようです。自戒せねばなりません。

野球型人材からサッカー型人材へ

有為《うい》転変は世のならい、といいますが、昨今の変化の激しさといったらたとえようがありません。きょう誕生した新技術が明日にはもう陳腐なものになる、といっても決してオーバーに聞こえないほど、ありとあらゆるものが目まぐるしく変化し続けています。

この大変化の時代に求められる人材とは、どのような人材なのでしょうか。それに対する私の考えを、スポーツにたとえて表現すれば、「野球型人材からサッカー型人材へ」ということになります。

野球というのはご存じのように、1から10まですべて監督の指示どおりプレイしなければいけないスポーツです。

バッターボックスに入ったら1球ごとに監督のサインを見て、バントをしたり見送ったり、あるいはヒッティングに出たりと、選手は監督の完全管理下に置かれます。ことあるごとに上司の指示を仰ぎ、指示どおりに動く社員と同じです。

これからの時代、こういう野球型人材では絶対に通用しません。その場その場の状況を自分なりに分析し、自分で判断して行動に移す。こういう人材でなければ変化の時代を勝ち抜くことはできません。

それがサッカー型人材です。

サッカーの試合中、自分のところにボールが回ってきたからといって、いちいち監督の指示を仰ぐ選手など一人もいません。パスするか、ドリブルするか、はたまたシュートを打つか、すべてを瞬間的に自分で判断して、次の攻撃につなげていくのがサッカー選手です。

とはいえ、監督の意向を無視していいわけではありません。「この試合は守備重点でやる」という監督の指示に反して攻撃にばかり夢中になっていたら、ゲームプランそのものを壊してしまいます。選手一人ひとりの判断力が重視されているサッカーのようなスポーツでも、大切なのはやはり、監督の意向と選手の意識の一体化であり、それを欠いたチームは試合に勝てないといわれています。

野球選手でも、自分の打順が回ってきたら、「あの監督のことだから、相手の裏をかいて強攻策に出るんじゃないだろうか」「いや、ここは正攻法かもしれない」などと、ベンチの意向を考えながらバーターボックスに入るような選手なら、成功への扉が開かれる可能性があります。そうではなく、ベンチの指示を待つだけの選手、勝手に動き回ってゲームプランを壊す選手であったなら即、社会から「不要」の烙印を押されてしまうでしょう。

考えるクセを身につけさせよ

ものごとを深く考える人は何を見ても考える。考えない人は何を見ても考えようとしない。この違いはどこから生まれてくるのでしょうか。ある人はいいました。

「そんなのは運動神経と一緒で、生まれつきに決まっている。つまりDNAさ。考えるDNAを持ってないやつは、考えないまま生き、考えないまま死んでゆくんだよ」

そんな気もしないではありません。しかし、人生が最初からDNAによって決定づけられていて、そのとおりに運ばれていくとしたら、これほどつまらない話はありません。DNAをねじ曲げてでも生まれつき持っていない素養を身につけ、開花させていくところに生まれてきた意味があり、人生の醍醐味があるのではないか。私はかねがねそう考えてきました。

では、どうしたら生まれつき持っていない、あるいは持っていないかもしれない素養を身につけることができるのでしょうか。思うにそれはクセです。考えない人は、考えるクセを身につけてこなかったというだけの話だと思います。ですから、考えるクセを身につければいいのです。

クセというのは実に恐ろしく、何を見ても何を聞いてもマイナスにしかとらえようとしないクセが身についた人は、次々とマイナスなものを引き寄せて不幸になっていく。反対に、何でもプラスに考えるクセを身につけた人は、次から次へとプラスのものを引き寄せて、幸せの量を増やしていく。勉強のクセ、読書のクセ、挨拶のクセ、早起きのクセなど、いいクセを身につけた人はどんどん運が開け、遊びグセ、浪費グセ、いいわけグセ、自慢グセといった悪癖を身につけた人は不運の坂道を転がり落ちていく……というような話をよく聞きますが、まさしくそのとおり。いまからでも遅くないから、いいクセをどんどん身につければいいのです。勉強してこなかった人は勉強のクセ、挨拶のできなかった人は挨拶のクセ、そして考えるのが苦手だった人は考えるクセを身につければいいだけの話です。

三幸学園では学園で働いている人をメンバーと呼んでいます。彼らは学園の一員、一部分です。そんな彼らにも、かつては考えないメンバー、考えようとしないメンバーがかなり多く見受けられました。これを放置しておいたら到底、考える集団にはならないし、本人たちのためにもなりません。そこで私は、各専門学校の中核となって動いているマネージャーたちを集めて、次のようにお願いしました。

「皆さん、メンバーから『どうしましょうか』と相談を持ちかけられたとき、どう対応してきましたか。きっと『ああしなさい』とか『こうしなさい』とか、その場で指示を出していたのではないかと思います。でも、これからはそれはせずに、相談を受けたら『君はどうしたいの?』と、必ず聞き返すようにしてください。そうやって何度も何度も『君はどうしたいの?』と繰り返していけば、相談したってどうせ『君はどうしたいの?』といわれるに決まっているから、と思って自分で考えるようになるでしょ。その自分で考えるクセ、構想を練る習慣をメンバー一人ひとりにつけてもらいたいのです。マネージャーの皆さんもそうです。何か相談事があるとき、すぐに上の人に持ちかけるのではなく、まず自分で解決策を考える。そういうクセをつけてください」

組織の中にいると、ついつい問題を上に預けがちになります。そのほうが楽ですし、責任が軽減するからです。しかし、それを繰り返しているとやがて考えない人間、考えない集団になります。そこから脱却するには一も二もなく考えるクセをつけること、これに尽きます。その考えるクセをつけるための仕掛けをつくる責任がトップ、あるいはリーダーにあるのはいうまでもありません。

続いて私は、マネージャーの皆さんに二つ目のお願いをしました。

「これからは月に一つ、業務改善提案をメンバーに提出させるよう指導してください。どんな小さなことでも構いません。たとえば、電気が点けっぱなしになっていることが多いので、当番を決めて消すようにしましょうとか、蛍光灯が切れていることがよくあるので当番を決めましょうとか、あるいはゴミ箱をどこそこに置いたらいいんじゃないでしょうかとか、何でもいいんです。そうやって目の前の小さなことを一つひとつ改善していけば、やがて三幸学園全体がよくなり、学園の運営も効率化されるはずです。同時に、細かいことにも気がつく、気配りのできるメンバーを育てることができるのではないかと思います」

仕事をしながら常に考えるクセ、小さなことにも気を配るクセ、この2つのクセをつけてもらいたかったので、こういう話をしたのです。その結果、三幸学園が考える集団に変身できたかどうかは、よくわかりません。しかし、以前と比べれば多少なりとも考える集団に近づいたのではないかと思っています。

エピローグ

陽はまた昇る

初の海外進出

いまから3年ほど前のある日、知り合いの社長から興味深い話を持ちかけられました。

「ベトナムで美容学校を経営している女性実業家が、日本の美容専門学校と提携をしたがっている。近々、来日するので話を聞いてやってくれないか」

えっ、ベトナム？　思いがけない一言に接した途端、反戦運動で明け暮れた学生時代の記憶がにわかに蘇ってきました。声が枯れるまでベトナム反戦を叫び続けた街頭デモ、催涙弾が雨と降る中を機動隊と激しく揉み合った昭和43年の10・21国際反戦デー、死ぬかという思いをした羽田闘争のことなどが一瞬にして脳裏を巡り、やみがたい懐旧の念に、われとわが身をしばし忘れるほどでした。

それにしてもあの頃のベトナムは、それは悲惨なものでした。連日連夜の空爆で都市という都市はことごとく焼け尽くされ、山野を逃げまどう人々まで、米軍機の標的にされたということです。あれから40、50年、経済復興がかなり進んでいるということだけれど、実際のところはどうなんだろう。できるものなら、この目で一度見てみたい。いまの自分に応援できることがあれば応援したい……。

「わかりました。喜んでお話を伺いましょう」

それから数日後、件のベトナム人経営者が日本にやってきました。早速お会いすると、彼女は挨拶もそこそこにベトナム経済の近況を語り始めました。

「わが国の経済は近年、年率7パーセント前後の成長を続けています。ベトナム戦争終結後、しばらくの間は混乱状態から抜け出せませんでしたけれど、1986年にドイモイ政策がスタートしてからの経済発展はすさまじく、いまでは周辺諸国と変わらないほど豊かになりました。人々の生活にも余裕が生まれ、お洒落を楽しむ女性が増えてきました」

彼女のいうドイモイ政策というのは、いわばベトナム版改革・開放政策で、これにより計画経済から市場経済に切り換えられただけでなく、外資の導入も急速に進み、その結果、ベトナム経済が復興に向けて動き始めた、ということです。が、実際にはもっとすごい勢いで発展しているようです。

「それは素晴らしい。日本人の私が聞いていても嬉しくなるようなお話です。ところで、日本の美容学校と提携したいということですけれど、具体的にはどのようなことを考えていらっしゃるのですか」

「実はこのたび、ホーチミン市に美容学校をつくろうと計画しておりまして、その学校のセールスポイントとして、日本の美容技術を教えることができたらいいな、というふうに考えております。ベトナムの美容技術はまだまだ遅れています。美容先進国の日本の足下にも及ばないと思います。そんな美容後進国のベトナムに日本の美容技術を教える学校をつくったら、生徒がたくさん集まるのではないか、と。それで、技術を教えてくれる美容学校がないかと考えて日本に来たのです」

要するに、日本の美容学校と技術供与契約を締結したい、というわけです。私としては二つ返事でOKしたいところでした。さりとて、海のものとも山のものともわからぬ話に安易に乗るわけにはいきません。そこで、先方の実情を探るべく生まれて初めてベトナムに足を運ぶことになったのですが、ベトナムの美容技術を自ら体験して非常に驚きました。私が先方の美容室でやってもらったのはシャンプーだけでしたけれど、ベトナムの美容師さんは何と、爪を立てて頭皮を掻きむしるようにして洗うのです。それだけならまだしも、シャンプーを洗い流すのに目茶苦茶お湯をかけるものだから、耳にお湯が入って気持ちの悪いことといったらありません。それでも、きっとタオルで拭いてくれるのだろうと思って我慢していたのですが、どうもその気配がありません。とうとう最後まで拭いてくれず、すべてが終わってから綿棒を差し出されたときは、思わず吹き出しそうになってしまいました。

シャンプー一つとってみてもこのレベルなのですから、あとは推して知るべし。体験しなくてもだいたい想像がつきます。正直いって、美容室と呼ぶにふさわしいレベルになく、ここに日本式の美容学校をつくれば、大変な評判を呼ぶであろうことは間違いありません。

それともう一つ、私の興味を引いたものがありました。それはホーチミン市の若々しさです。足を踏み入れたときから気づいていましたが、街を歩いている人のほとんどが10代、20代の若者で、中高年はほとんど見かけないのです。これは一体どういうことなのか。不思議に思って尋ねると、ベトナムの平均年齢は何と27歳なのだそうです。日本の平均年齢が44歳といわれていますから、雲泥の差といってよいでしょう。

それにしても、なぜこんなに若いのだろう。ベトナム戦争でそれほどまでにたくさんの人が犠牲になったということなのだろうか……。定かなところはわかりませんが、ベトナムは高齢化社会とは無縁で、発展の気運に満ち満ちていることだけははっきりしました。

これは大いに可能性がある。幸い、先方の女性経営者も信用に足る人物のようであったので、私は技術供与契約を締結する決意を固め、三幸グループ内の美容の先生を数名、ベトナムに派遣することにしました。かくして平成21年9月、三幸グループは初の海外進出を果たしたのでした。

技術供与契約は想像以上の成果を上げ、シェラトンやヒルトンなどの一流ホテルに就職する卒業生も出てきました。それだけ、日本の美容技術が評価されたわけです。

おそらく、そうした評判を聞きつけたのでしょう、今度は、ベトナムにある3つの大学から、付属の美容専門学校を新設するにあたって技術協力を願いたい、という申し入れがありました。こんなに早く反応があるとは想定外のことですが、そのうちの1校と正式に契約を結び、平成25年10月の開校を目指して準備を進めているところです。

中国からの要請

ベトナムに対する技術供与の件で忙殺されている頃、知り合いの中国人の社長から、またまた興味深い話をもちかけられました。その中国人の社長は、北京と東京にそれぞれ事務所を構え、農業研修生や自動車整備の研修生を日本に送り込んでは技術を修得させるという仕事をしているのですが、彼がいうには、中国ではいま介護関係の人材が極端なほど不足していて、とても困っているのだそうです。

「だから、施設で働いている人たちを研修という形で日本に連れてきて、一人前の介護士に仕立て上げて送り返す仕事をやったら面白いと思う。実は近々、上海でシルバー万博というシルバー産業関連の一大イベントがあるので一緒に行かないか。シルバー産業に携わっている中国人がたくさん来るから、いい話が聞けるかもしれないよ」

とても面白そうな話ではあるものの、時間的余裕がないのでお断りするつもりでした。が、あまりに熱心に誘ってくれるものですから、何とかスケジュールをやり繰りして上海に行くことになりました。

シルバー万博の会場には、中国人社長の知り合いが大勢来ていました。私は、紹介されるままに次々と名刺交換をしていったのですが、私が日本で介護専門学校を経営していることを知ると、誰もがみんな「ウチの施設の職員を是非とも研修してほしい」といいます。中国人社長がいっていた、介護分野の人材不足が深刻な問題になっていくという話はどうやら本当のようです。しかも中国ではいま、迫り来る高齢化社会に向けて老人施設の建設が急ピッチで進んでいますから、人材不足がこの先、より一層深刻な問題になるのは確実です。

その、急ピッチで建設されている老人施設はどのようなものなのか。後学のためにいくつか見学させていただきましたが、どれもこれも大規模かつ豪華なのには度肝を抜かれるばかりでした。途方もなく大きな池をこしらえて、ヨットを浮かべている施設もあるくらいですから、日本の老人施設とはスケールが違いすぎます。豪華なのは建物だけではありません。介護用ベッドや車イスなどの介護用品も最高級品を揃えています。

それくらいですから入居金も驚くほど高く、日本円に換算して5000万円を超えるところも少なくありません。日本人のわれわれには信じられない額ですけれど、いまの中国には大富豪がいっぱいいる、ということなのでしょう。

いずれにしても、設備は超が付くほど豪華です。ところが、肝心要の介護する人がいない。しっかりした知識と技術を持っていて、なおかつホスピタリティーのある介護ができる人がいないのです。中国の場合はとくに、60年以上の長きにわたって社会主義体制を貫いてきた関係で、ホスピタリティーの面では非常に遅れています。接客態度など、話にならないくらいのレベルです。要するに、知識と技術の蓄積がないのです。それだけに、介護士を育てたくてもノウハウがなく、何から手をつけていいのかさえわからない、というのが正直なところではないかと思われます。

その点、日本にはノウハウがあるし、技術の蓄積もあります。率直にいって、日本の福祉・介護のレベルは世界一ではないかと思います。そのことを中国やベトナムの人たち、さらにいえば東南アジアの人たちはみんな知っているのです。だから、どこへ行っても「技術指導してください」「職員の研修をお願いします」といわれるわけです。

今回、ベトナムと中国に行ってわかったのは、福祉や介護、美容、エステの分野においては膨大な需要がある、ということ。それを私は肌で実感しました。それらの需要に応えれば、それが即、相手国の発展に貢献することになるのですから、これは実にやり甲斐のある仕事です。その第一弾として、ベトナムへの技術協力に取り組み始めたことはすでに述べたとおりですが、第二弾は中国です。おそらく、中国の人材を受け入れて研修を行なうか、あるいは向こうに研修施設を建設し、そこで研修を行なうか、そのいずれかの形になると思います。この事業を遅くとも平成25年度中にはスタートさせるつもりです。

未来はバラ色

ベトナムと中国で新規の事業を進めるにあたり、三幸学園ではベトナムと中国から新卒学生をそれぞれ2人ずつ採用しました。4人とも日本のことが好きで、また仕事にも情熱的に取り組んでくれて、実に頼もしいかぎりです。ところが、東京での生活に慣れた頃、彼らは意外な言葉を漏らしたのです。

「日本はこれほどまでに経済発展して、東南アジアから見たら、もう夢のような国です。なのに、日本の若者はなぜこんなに自信をなくしているのか、なぜ元気がないのかわからない。私たちの国は貧しいけれど、日本の若者みたいに暗くはありません」

たしかに、ベトナムの若者はみんな元気溌剌でした。目が輝いていました。明日は今日よりよくなると信じて疑わない目をしていました。それに引き替え日本の若者は、いわれたとおり元気がないのかもしれません。

日本の若者が自信をなくすのも理由がないわけではありません。経済全体のパイがどんどん小さくなって、国民総生産がマイナス成長になるかもしれないといわれれば、誰だって暗い気分になります。とくに私の携わっている教育産業の場合、子どもの数がどんどん減っていくわけですから、いうなれば構造不況業種で、まともに考えたら、お先真っ暗な気分になってしまいます。

しかし、海外へ目を向けると、そこには夢と希望に満ちあふれた世界が広がっています。たとえば、ベトナムの人口は約８８８０万人ですが、高校生の数は日本よりはるかに多い。また、平均年齢が27～28歳ですから、街を歩いているのは若者ばかりで、私みたいな年寄りはほとんど見かけません。この一事をとってみても、ベトナムがいかに可能性に満ちた国であるか、わかろうというものです。しかも、ベトナムの人たちは皆、日本の知識と技術力に強い憧れと尊敬の念を抱いているのです。

三幸学園の美容の先生が数名、指導員として初めてベトナムを訪れたときもそうでした。現地の美容師の皆さんにとっては、はるばる日本からやってきた先生ですから、それなりの敬意をもって迎えるのは当然かもしれません。しかし、彼女たちの態度はそんなレベルではなく、美容のことなら何でも知っている神様に接するがごとく迎え入れてくれたというのです。日本人であるというだけで尊敬してくれるのですから、ありがたいかぎりです。だからといって、傲慢な態度をとったりするようでは話になりませんが、ベトナムの成長・

発展のために誠心誠意、知識と技術を伝えていけば、より一層信頼関係が深まるはずです。もっともっと日本のことを好きになってくれるに違いありません。

ベトナムと中国しか行きませんでしたけれど、おそらくインドネシアにしてもフィリピンにしてもタイにしても、似たような状況にあるのではないかと思います。

日本は単なる経済大国ではありません。相手のことを慮るホスピタリティーあふれる国です。そのホスピタリティーを前面に打ち出して、介護・福祉・医療・美容・教育など、ありとあらゆる分野で交流を深めていけば、東南アジアの発展に貢献できるだけでなく、日本もまた元気を取り戻せるはずです。

このように考えると未来はバラ色です。夢と希望にあふれています。日本の市場は縮小傾向にありますが、東南アジアに目を向けると、いまだ開拓されていないフロンティアが果てしもなく広がっています。だから、日本の未来は決して暗くはない。暗くないどころか、バラ色に輝いていて、一時的には元気をなくした日本人も近い将来、ものすごく元気を取り戻すに違いない。私はそう確信しています。

三幸学園の理念

三幸学園ミッション（学園の使命）

「人を活かし、困難を希望に変える」

三幸学園ビジョン

「人を活かし、日本をそして世界を明るく元気にする」

三幸学園は、地球上のすべての人たちに貢献する学園でありたい。

三幸学園は、地域社会から歓迎され、愛される学園でありたい。

三幸学園は、夢とロマンにあふれた、ときめきと感動の青春企業でありたい。

三幸学園経営理念

生徒の幸せ、社会の幸せ、学園の幸せを実現する。

三幸学園経営目標

1. 生徒の幸せ Student

多くの学校の中から本校を選択し、入学した生徒。

私達は、その学生達にこの学校を選んでよかったと心から思われるよう精一杯の努力をしましょう。

2．社会の幸せ Society

卒業生を受けいれてくれる社会。採用いただいた企業、そしてその施設を利用する多くの人々に本校の卒業生はいいと言われるよう私達は精一杯の努力をしましょう。

3．学園の幸せ Sanko

社会の要請にこたえ卒業生を送りつづける学園。

私達は、その学園がますます発展し、充実し、安定するよう精一杯の努力をしましょう。

三幸学園教育理念

技能と心の調和

三幸学園　育成する人材像（教育の目的）

素直な心、感謝の気持ち、高い意欲を持ち続け、自ら考え、自ら行動することで、社会に貢献する人材（を育成する）。

飛鳥未来高校校訓

素直な心が成長を生み、やさしい心が人を救い、明るい心が未来を創る。

三幸学園教師心得

三幸学園の教師として必要な資質は

深く幅広い専門知識

すぐれた教育技術
そして、あふれる情熱である。
この3要素のうち、最も大切なものは情熱である。
情熱こそ専門知識をより深め、教育技術をより向上させる唯一の原動力である。

行動指針

1. 教育は共育、生徒と共に成長せよ
2. 学校全体で統一した指導を実施せよ
3. 学校に誇りを持て
4. 教師にふさわしい言葉づかいを徹底せよ
5. 厳しさを併せ持て
6. 生徒のモチベーションが上がる働きかけを心掛けよ
7. 何でも教えるのではなく、生徒に考えさせよ、挑戦させよ
8. 「あきらめない」「見捨てない」指導で、必要な事を言い続けよ

生徒指導十訓

1. 生徒の授業態度は自己の講義を映す鏡と思え！
2. 元気な挨拶は礼儀の始まり。礼儀正しい生活習慣を徹底せよ！
3. 「起立」「礼」「着席」少しでも、バラつきがあれば何度でもやり直し。
4. 生徒の顔と名前は1週間で覚えよ！
5. 「ハイ」という大きな返事は授業にメリハリをつけ、緊張感を生むコツ。
6. 声は大きく、ゆっくり話せ！　小さな声では情熱が伝わらない。
7. 講義のマンネリ化は情熱を食う寄生虫。マンネリ虫を退治せよ！
8. 生徒に好かれようとするな、また威張るな！
9. 生徒は公平な審判員であり広報部員である。
10. 教育は共育であり、生徒と共に成長せよ！

三幸グループの理念

三幸グループ・ミッション

「世の中の困難を希望に変える」

三幸グループ・ビジョン

日本を、そして世界を明るく元気にする。

三幸グループ経営理念

顧客の幸せ、社会の幸せ、グループの幸せを実現する。

三幸グループ経営判断基準

1. 世のため人のためになるか
2. 利益を上げられるか
3. ワクワクするか

三幸グループ経営目標

「Small and Good Company」そして「Great Company」を目指す。

◆Good Company とは

1. メンバー満足
メンバーには、社会に貢献し、顧客に感謝されることの感動を知ってほしい。

それにより、仕事に対するやりがいと誇り、企業と自己への誇りと自信をもって欲しい。
2. 顧客満足
誠意と情熱をもって顧客満足。
よい商品、よいサービスシステム、そして誠意と情熱をもった人で満足の提供を。
3. 取引先満足
取引先は、企業理念を実現するうえでの重要なパートナー。誠意をもって接することにより、三幸グループのファンになってもらおう。

◆Great Company とは
誰からも喜ばれ、業績もいい企業である。
働くメンバー、顧客、取引先までも感動させ、ワクワクさせる仕組みを持つ。
メンバーも顧客もどんどん幸せになる。
メンバーは働くことに誇りを持ち、人間性の向上と成長の実感がある。
誰もが理念に共感し、共鳴し、感動する。
このような企業を Great Company と言う。

Great Companyを目指そう！

三幸グループ行動指針

1. 三幸グループ、全メンバーの価値観を一体化させパワーを結集し21世紀を素晴らしい時代にしよう！
2. 「全員がリーダーであり、メンバーである」というコスモスネットワーク組織をつくりあげよう！
3. メンバー個々はもとより、学習する組織になろう！
PLAN-DO-CHECK-PLAN
CHECKで、全メンバーが活発な意見を出し合い、1ランクアップのPLANへとつなげよう。
4. あらゆる商品、システムの改善、改革、開発すすめよう！
メンバーの小さな提案が組織を大きく変えていく。
5. 情報の共有化により、現状認識の統一、目標の統一、行動の統一をはかろう！
メンバーの一体化は、情報の共有化から始まる。
6. 責任と貢献の全員参加型経営を確立しよう！

三幸グループ人財　7つの条件

1. ミスやクレームなどの報告をすぐにできる。
2. 仕事の納期をきちんと守ることができる。
3. 分からないことは質問し、しっかり理解して行動できる。

4. 会議では、自分の意見を積極的に発言できる。
5. 仕事の意味を理解し、取り組んでいる。
6. 「もっとよくするには？」を常に考える。
7. 「できない理由」でなく「どうしたらできるか？」を考える。

鳥居秀光（とりい・ひでみつ）

三幸グループ代表
学校法人 三幸学園学園長
社会福祉法人 三幸福祉会理事長

1947年東京都葛飾区に長男として生まれる。1970年法政大学経営学部卒業。同年オンワード樫山に入社、1972年退職。独立して医療事務代行業を始める。1974年医療事務代行業が軌道にのり、医療事務スタッフのための短期講座の運営を開始する。千葉県市川市にて創業。1975年株式会社日本医療事務協会（現在の日本教育クリエイト）を設立し、代表取締役に就任。1985年学校法人三幸学園を設立し、学園理事長に就任。

人と組織を活性化する教育

モチベーション・マネジメント

2013年2月21日　第1刷発行
2017年2月3日　第3刷発行

著者――鳥居秀光
発行所――ダイヤモンド社
〒150-8409 東京都渋谷区神宮前6-12-17
http://www.diamond.co.jp/
電話／03-5778-7235（編集） 03-5778-7240（販売）

装丁――大泉講平
製作進行――ダイヤモンド・グラフィック社
印刷――信毎書籍印刷（本文）、加藤文明社（カバー）
製本――本間製本
編集担当――花岡則夫

ISBN 978-4-478-02384-6